股市天機

操盤法2.0

林英豪｜著

十年磨一劍，寶劍呈光輝

　　首先恭喜林英豪老師，接任甲骨文證券研究社社長，又逢新書《股市天機圖操盤法2.0》出版，可謂是雙喜臨門。在這功利商業氣息的證券市場裡，能有承先啟後的技術教育傳承，肩具培育百年樹人的使命，佩服承擔的勇氣胸懷，感念於心。

　　林英豪老師是股市天機圖操盤法的信仰者與執行者，是實務操盤手，更是十多年的沙場老將，今逢將他畢生所學的操盤法分享給後人，是證券界的福音，更是學習技術分析投資人的明燈。

　　沒有人在股票市場投資是一帆風順的，林老師也是憑藉股市天機圖操盤法，在股市反敗為勝，在多頭時倍數成長，空頭時避開風險，一點一滴走過來，沒一絲僥倖，不依靠內線交易，全憑自己選股操作打下輝煌戰績。今天他願意不藏私的公開他的操盤模式，提攜後輩，教化學子，少走幾年冤枉路，深感敬佩。

　　天機圖操盤法分為兩集，此書2.0版為下集，上下集都可在各大書局網站上購買，也可以到甲骨文證券研究社網站http://www.oracle123w.tw/，學習視頻教學，畢竟書上文字敘述有限，無法充分表達實際操作的真實狀況，應用動態的視頻圖文語言表達更能讓同學們理解。

　　天機圖操盤法有六種操盤模式，書上建議職業投資人可選擇3K法或是天機圖操盤法來操作，上班族或是退休人士可選擇單股操作或是格局操盤法，各有不同個性立場的操盤模式，適合你的操作模式不一定對別人就是好用，主因在個人立場不同，個性不同，觀念不同，要達到劍人合一，仍是需要三，五年以上的操盤功夫。每日勤作功課，筆記，記錄自己操盤方式，修正改變看盤角度，反問自省每筆戰況，相信同學們閱讀後一定有所啟發，且受益良多。

林老師的書中，也提出天機圖組合拳應用，這對研究技術分析的人士非常好用，這是一個SOP流程，從K線找出轉折點，買賣位置，知道股票運動方向，助漲或是助跌，壓力與支撐，更明白要上漲的時間多少，你想操作的格局要多大，短線小波段，或是長線單股操作，書上道出天機，化解無數投資人對股市的迷惘而不知所措。

　　股市是實踐技術分析的地方，理論好不好用，測試一下就知道，書上所公開的公式與步驟，是經過三十年反覆的驗證，並非金錢可以衡量，是無價之寶，是可以傳子傳孫的好書。當然，學習才是重點，知識就是財富，是別人永遠偷不走的資產。相信投資人對此書一定有所期待，若有問題疑惑之處，可以向甲骨文證券研究社聯繫，感謝投資人，學生們對社團的支持與愛護，有你們真好，是全體老師們努力下去的動力，感恩一切。

甲骨文證券研究社創辦人　余森山

2022.06.01

推薦序2

真心推薦

　　還沒有見過林英豪老師，就從余森山老師的口中多次聽到這個名字。

　　跟余老師共事的人都知道，要得到余森山老師的肯定，不是件容易的事，心想：這小夥子肯定有兩把刷子！

　　林英豪老師給人的第一印象是：低調，謙虛有禮！六年級後段班的年紀，雖然不是金融本科系出身，但從十八歲就開始接觸股市，並藉由學習技術分析，從股市賺進好幾桶金，但他沒有少年得志的猖狂，反而更認真於研究技術分析，並在余森山老師指定接班人的欽點下，肩挑重擔，矢志要將恩師自創的天機圖操盤法發揚光大！接下「甲骨文證券研究社」社長一職，並出版《股市天機圖操盤法2.0》新書，就是希望能讓更多人了解天機圖操盤法的神奇，透過完整學習天機圖操盤術，能讓更多人在股市中無往不利。

　　《股市天機圖操盤法2.0》這本書，是延續並完整呈現上一本書《股市天機圖操盤法》，有關天機圖操盤法的心法招數，並可將其透過不同組合，以應付詭譎多變的盤勢。

　　在《股市天機圖操盤法2.0》一書中，您可以學習到天機圖的六大操盤法，還有余森山老師自創並首次向外界發表的天機圖組合拳秘招，天機圖十三劍及天機圖五招必殺絕技，這都是您在坊間相關股市分析的出版品裡，絕對沒聽過也學不到。

　　讀懂這本書，在多頭市場裡，可以輕鬆找出可以讓您獲利數十倍甚至數百倍的飆股，即使身處空頭市場，您也可以發現空頭鈍化，跌跌不休的空頭標的，讓您可以大膽放空，獲利滿滿。

　　這本書包含了，余森山老師四十多年股市實戰經驗，自創天機圖操盤術精華，及林英豪老師師承天機圖派別，運用天機圖操盤法實戰的心

路歷程，這本書不僅是天機圖操盤法的教戰手冊，更是師徒兩人不藏私的聯手股市獲利秘笈。

　　如果您已經看過《股市天機圖操盤法》，那麼《股市天機圖操盤法2.0》更是非看不可！如此才能打通您操盤的任督二脈，戰勝您的心魔，突破您的股市操盤盲點。

甲骨文證券研究社班主任　徐碧蓮

推薦序3

還記得一次早上九點的開盤，那天在余老師的操盤室，剛好林老師也來了。

歐買尬歐買尬，想了很久都還沒意會過來是什麼意思，接下來我的強勢股排行榜有一檔強勢且有追價力的個股瞬間鎖到漲停，原來那時候林老師說的是3687的歐買尬！印象非常深刻，下出正確的判斷後，就毅然決然地買進，這就是林老師給我的第一印象。

市場檯面上揭示出來給我們看的是價格的跳動，背面卻有很多不為人知的產業轉機跟作手間彼此暗潮洶湧，唯一克敵制勝的方法是抓出金流在哪裡，追逐強勢股就是一種手法，這就是林老師最擅長的致勝祕訣，但是這種手法極度需要經驗及敢出手進場跟停損的即刻判斷力，卻也是我們一般投資人最難做到的。

擷取一句話：瞽者善聽，聾者善視。絕利一源，用師十倍；股市操作亦同，聚焦的注意力是一面雙面刃，好好練習技術分析跟基本分析能幫助自己如魚得水，但是多數的人進場都是為了賺錢卻沒有學習該有的技巧，整天籠罩在賺錢的貪婪跟賠錢的恐懼裡，無限放大感官後，卻沒把正確的注意力放在磨練自己的技術，哪裡會進步跟發揮出實力？處變不驚才能作出正確判斷，如果有上過林老師的課聽過他八八風災的故事，就能體會那種化逆境為磨練靜下心來重新練習的鋼鐵意志，這種心態面正是林老師最讓我佩服的地方，也是我們值得學習的榜樣，期許在林老師的書裡及課程指導下大家都能掃除恐懼，建立信心，找出適合自己的方法！

甲骨文證券研究社　王傳睿老師

推薦序4

股票市場多數人是為了謀利，英豪老師一路走來將心路歷程反應在這本著作中；投資交易方式很多，有人說要投資基金做長期投資，有人說要投資股票，又有人說要投資期貨……，這當中含括交易商品及交易方式，如何選擇商品該用何種交易模式，唯有在市場上歷經百戰，深刻將每場戰役銘記心中，才能在市場上累積成績，英豪老師就像是神農嘗百草，將自己切身的經驗分享讀者，讓投資者更明確要選擇何種方式來因應市場的變化！

無論要選擇何種商品做投資，基本概念是必備的，英豪老師融合多年的心得，將天機圖運用淋漓盡致，化解在學習過程中常遇到的盲點，尤其今年111.1/5自18,619高點至今達5個月的修正，過程中英豪老師不斷提醒反彈滿足點降低持股避免下一波段的下殺。

市場的走勢不外乎多頭空頭時間空間，看似簡單的區隔，中間過程的切割以致到轉折的進出場都沒那麼簡單，英豪老師濃縮13章節，淺顯易懂，初學者讀完此書會有交易的架構概念，具股齡的投資朋友反覆閱讀此書，交易的技巧及規避風險的能力也會大大提高。

英豪老師將天機圖內化編輯成書，心態上的提升已不是一般人「股票僅是牟利工具」，更多時候是對自己判斷的肯定，以及能造福更多人對天機圖的認識與應用，將這套寶典深度延續，俗話說：師父引進門，修行在個人；有師父提點可避免我們走冤枉路，一開始的選擇就是重要的起跑點，閱讀此書後會深有所感，投資股票就像經營事業，沒有鬆懈的時候，就像英豪老師最後一章所言：打造屬於自己的交易系統等同於要用甚麼方式去經營自己的事業一般，邀請投資朋友共同來打造自己的投資王國，現在就開始吧！GO～

資深投資人　陳佩蒂

推薦序5

　　于2013年開始，在甲骨文社團學習森山老師的天機圖操盤法，至今將近10年了。在社團裡認識了英豪學長，一路上見證了學長「髮型造型師轉變成股市操盤手的驚險之旅」，從失敗、破產、重來、再大賺翻身如此輪迴了幾次，他的堅持、堅定、努力不懈的精神令人敬佩，每日清晨4點半起床，從歐、美股市收盤，再到8點亞洲股市開盤，啟動了他的一天，全球股市經濟脈動無不在學長的掌握之中。

　　學長把天機圖操盤法運用在台股操作上，發揮的淋漓盡致，他的靈魂裡早已融入了天機圖操盤法，「法」「魂」合一；《天機圖操盤法2.0版》將更細緻的引導讀者，盡速融入123格局操盤法、3K法突破、跌破如何進出，四手紅盤拉回時，何時該做買進動作……等等的各種操盤模式，有機會讀到天機圖2.0版的讀者是有福氣之人，非常榮幸可以分享這本書，這是一本讓你（妳）擺脫被市場主宰的書，天機圖操盤法翻轉了學長的人生，肯定也能翻轉每位讀者的投資思維，協助讀者學習更精進的技術分析方法，更易於建立自己的交易SOP；在投資的路上，只要您願意付出時間學習，絕對可以達成目標。

　　預祝每位讀者於股市能「無往不利」、「一本萬利」！

學妹 黃雅慧

2022.06.16

前言

　　第一次聽到股票這個名詞，是在高二的時候，當時姊姊的男朋友（之後成爲我的姊夫）來家中作客，與父親閒聊之餘，姊夫提到了連戰的奶奶，是如何透過投資理財，將連家的資產擴張到50億！以及長期投資國泰這檔股票，透過複利將會有多麼可觀的投資報酬率……。這樣的理財知識，對我而言，眞是前所未聞，而且，這樣的理財方式，十分的吸引我，卽使當時我根本沒有任何積蓄。但是爲了獲取更多的知識，我在書店不斷地翻閱理財書籍，記得當時有一本暢銷書，黃培源著作的《理財聖經》，書中內容跟大姊夫所提到的，完全一樣（姊夫應該也有看這本書吧），閱讀完畢後，我對人生充滿了希望，天眞的我，滿懷信心，在17歲的年紀，就下定決心，打算透過定期定額，長期投資的理財方式，讓自己在60歲之前，成爲億萬富翁！

　　18歲的時候，自己蒐集了一些資訊，爲了投資海外基金，我央求母親帶我去銀行開戶（未成年不能開戶），當時半工半讀，把微薄的薪水提撥一部分定期定額扣款買基金，期間所投資的XX世界基金，淨值越跌，我越開心，書上和基金公司都說這樣可以買到更多的單位……。

　　一轉眼我投資XX世界基金也已經3年多，但是我所申購的基金，淨值還是跌跌不休，不見起色。當時急需用錢，所以把基金贖回，3年多的投資報酬率爲-24%，看來要通往財富自由之路，似乎沒有書上所寫的那麼輕鬆。

　　投資首戰失利，自己檢討原因，覺得投資基金的成本太高，手續費、保管費……都會增加成本支出，也許投資股票會是比較好的選擇吧。

　　後來我以38元買進了聯電（2303），那是我人生買進的第一檔股票，爲了貫徹書中所學，自己秉持長期投資的信念。王建煊部長曾言：

「手中有股票，心中無股價。」受到這句話的影響，曾有一段時間，無論聯電（2303）任何的起伏漲跌，都不曾動搖我長期投資的決心。

2000年加權指數再度挑戰萬點，但近關情怯，於是連戰先生高喊：「股市萬點是健康的。」一句口號增強市場信心，也代表政府的決心，帶領台北股市挑戰萬點成功，當時聯電（2303）也從38元來到了128元，我在不知不覺中參與了台北股市的大多頭行情，不過我並沒有把握住這段行情，長期投資怎能輕易賣出持股呢？當時我的確到達了「手中有股票，心中無股價」的境界。

其實長期投資並不是無論漲跌，都不用賣出持股，只是我誤解了它的意思，我的價值投資其實只是持有，沒有管理。於是面對大盤幾次的多空循環，以及聯電（2303）從128元的拉回修正，也不為所動，直到SARS疫情來襲重創股市，而聯電（2303）跌破了我的成本價38元，我才後知後覺地發現自己的投資方式出了相當嚴重的問題，同時我也開始懷疑起價值投資的可行性。

從那時候起我開始研習技術分析，我驚覺聯電（2303）已步入空頭市場，於是停損賣出，停損的價格為29元，從38元漲到128元，再拉回下跌到29元停損賣出，這一次的長期投資以虧損收場。

研習技術分析後，我想買進毛寶（1732），但它太過強勢，漲停鎖死，我只好退而求其次，買進了中華化學（1727），當時在SARS疫情期間，化工族群只要跟防疫沾上了邊，表現都很強勢，我買進當天中華化學（1727）以漲停作收，之後再連飆2根漲停，我在漲停打開爆大量的時候出場，3天賺了將近20%（當時漲停板為7%），這一次有個不錯的開始，我覺得操作股票，就該以技術分析為主，從此開始了經常自我探索、自我對話的旅程。

德國股神安德烈‧科斯托蘭尼：「如果沒有破產2次以上，就不算是真正的投機家。」過去跌跌撞撞的時候，我常拿這句話來安慰自己，在操作不順的時候，我讀一些大師的著作，希望藉由書中內容的啟發，

讓自己變的更強，只是這個學習過程，並不是那麼順利，我總覺得自己還少了什麼東西，不過卻一直找不到答案……。

2009年我認識了恩師，學習天機圖操盤法後，我對技術分析有了更深一層的瞭解，我的選股能力進步了，進場時機的掌握也比以前好，出場時機也很明確，我的獲利比以往多，大賺的次數大幅提升，但是偶爾還是會大賠。不過我知道每一次的大賠都不是因爲技術，追根究底還是克服不了自己的心魔，無法在關鍵時刻遵守自己的操作紀律，股市最大的敵人，始終是自己。

天機圖操盤法是恩師所創，天機圖操盤法2.0則是我以另一個角度分享研習天機圖操盤法的心得，曾經我花了許多金錢在股市換取經驗，如今我用那些經驗在股市換取金錢，如果你還沒找到適合自己個性的交易系統，希望這本書能夠帶給您不同的體悟。

在此我要感謝恩師余森山，沒有恩師的提攜，也許英豪無法在股市存活至今。

我要感謝老婆以及我的家人，在寫書的過程中，給予極大的支持，謝謝你們！

我也要感謝母親以及我的弟弟，在這段期間，照顧生病的父親，辛苦你們了！

最後我要把這本書獻給我的父親，雖然您始終認爲股票交易像是賭博，但是您還是一直支持著我，我想藉由這本書告訴您，有技術成分的交易不是賭博，每一個可以長期在股市賺錢的人，絕對不是靠運氣，其實這些贏家都比一般人還要努力，謝謝您！祝您平安！健康！

林英豪 2022.5.5

目錄CONTENTS

第一章
K線戰法

現在的K線形成，源於日本德川幕府時代，一位出生羽國酒田港，相當於現在的山形縣酒田市，一位名叫（1716-1803）本間宗酒（Munehisa Homma），交易稻米市場，發明出來的一種記錄價格方法，因此創造巨額財富，市場稱此方法為「酒田戰法」，是現在K線的原型。書店裡有關K線的書很多，你要了解其原理，但不需要過度鑽牛角尖，記了一大堆的專業術語，只能讓你看起來很厲害，但對你的交易，其實幫助不大。

K線可以單獨使用，但是只有長紅線（漲停）與長黑線（跌停），跳空漲跌停勝率超過70%，其他的單獨K線，意義不大，必須要連續性K線形成趨勢才有方向性，因為長紅線（漲停），代表追價力強，很多人追價搶進，而且越快漲停越好，代表明天還有高點，甚至還有一大波行情在後面。

K線戰法具有選股、買賣與比較這三種功能，這三項非常重要，一定要牢記在心。

第一節　作多的基礎在追價力

天機圖操盤法的核心價值，做多的基礎在追價力！

那什麼是追價力呢？追價力就是追買的力道，追價力強就是市場的買盤非常積極，參與者不計價買進，造成股價急速推升至漲停，參與者買不到，願意排隊買。

下圖是追價力強就是推升力道快速，參與者買不到，願意排隊買的分時走勢。

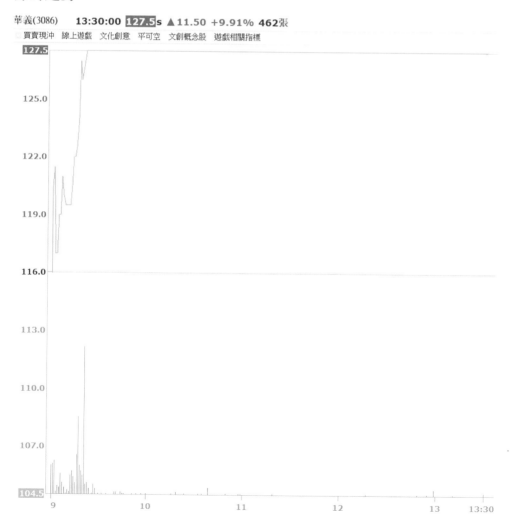

　　下圖是雖然也是漲停，但低價＋低成交量的股票，要推升股價，竟也如此掙扎，這種力道顯然不是追價力，而是拉抬力，撇開低成交量有流通性風險不談，這種只有拉抬力，沒有追價力的股票，就不是我們想要的標的。

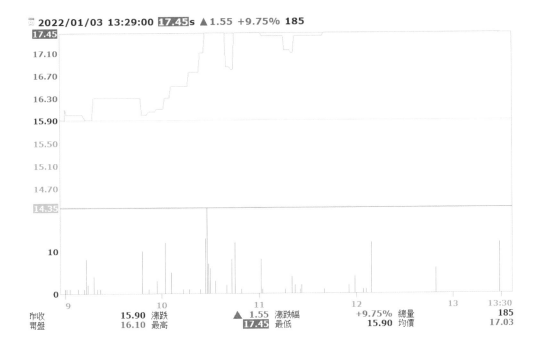

2022/01/03 13:29:00 17.45s ▲1.55 +9.75% 185

| 昨收 | 15.90 | 漲跌 | ▲ 1.55 | 漲跌幅 | +9.75% | 總量 | 185 |
| 開盤 | 16.10 | 最高 | 17.45 | 最低 | 15.90 | 均價 | 17.03 |

　　下圖這種追價力最強，漲停鎖死，一價到底，排隊也不見得能買的到。

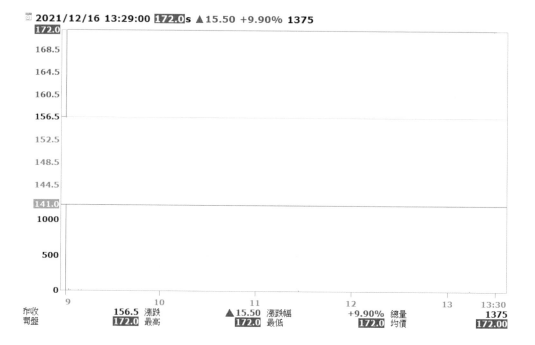

第二節　四手紅盤

　　四手紅盤是一個名詞，它代表著有主力大戶連四天買進，讓前面套牢的人解套，真是佛心來的，此時行情才剛剛開始，往後會有倍數行情可期。

　　四手紅盤只是觀念，所代表的是極強的追價力，主力強力買進是因為他掌握某些訊息，看到了往後的產業面、基本面的變化，才不計價的瘋狂買進，這才是真正第一手基本面，而不是在落後股價一個月的月報表與三個月的季報表，那只是財務面。

　　四手紅盤、三手紅盤都可以，代表著後市漲勢可期，尤其是大盤剛起漲時，你可不能等待拉回，應該立即買進，如果你怕追高的話，可以分批買進，等待整理時再加碼，每年能漲倍數的飆股不多，只要能在起漲時買到，進行大波段操作，一整年的績效就靠它貢獻了。

　　每一年四手紅盤的股票，通常是大家不熟悉，就是因為大家都對它陌生，所以手上都沒有籌碼，只能買進，股價才會大漲，所以我們買的其實是慣性和速度，而不是股名。

連續拉四根紅K；大型股（權值股）拉3根紅K稱之爲四手紅盤。

　　四手紅盤的意義：1.主力拉高進貨。2.主力急著脫離成本（底部）。3.漲勢確立。

　　四手紅盤要有追價力，至少要3根漲停或4根長紅才有意義，4天起碼要有30%以上漲幅才是眞的，而不是僅用4根紅K，就稱之爲四手紅盤。

四手紅盤成交量會放大；無量更強（漲停鎖死，賣方惜售），但需避開僅有幾百張成交量，有流通性風險的股票。

　　當出現四手紅盤，有些投資人不敢追強，碰上極其凶悍的飆股，也僅能目送它扶搖而上，而扼腕不已……。其實每個人的個性不同，資金部位也不一樣，因此切入的買法，自然也不可能相同，這沒有對錯，只有適不適合。

　　出現四手紅盤時，積極型投資人可以直接追強，越強越要買，其實只要進場前設好停損，且能在不如預期時，嚴格執行停損，控制好風險，就沒有什麼股票是不能追的（有流通性風險股除外），但是嚴守紀律，知易行難，門檻其實非常的高。相形之下，穩健型投資人在四手紅盤（五手紅盤以上）拉回整理時，於5日線或10日線附近找買點，就容易許多，但究竟要在5日線買進或是在10日線進場，則需以當時的位階以及乖離而定。

　　四手紅盤的股票拉回10日線整理後再上漲，叫2次上漲或N字型上漲，可過前高，因為大部分四手紅盤最少會2次上漲，所以拉回10日線是買點，只有極少數的四手紅盤，是走一波到頂模式，上漲趨勢沿5日

線上漲，一波就漲了好幾倍，此時若拉回10日線，就必需多觀察一下，再決定是否進場。

　　四手紅盤在大盤指數高檔時屬於過熱，沒有意義，因為上漲空間有限，此時做多的風險大於利潤，當然也就沒有切入的必要。

　　四手紅盤在低檔叫起漲點，勇敢買進；四手黑盤在高檔叫起跌點，必須嚴格執行停利（停損）。

連續殺四根黑K；大型股（權值股）殺3根黑K稱之為四手黑盤。

　　四手紅盤最怕四手黑盤，四手黑盤代表著主力偷溜，一旦出現四手黑盤，就必須盡速出場，不能心存僥倖，盲目凹單。

大盤出現2根長黑（等於4手黑盤），大難臨頭。

　　大盤出現2根長黑，或是2根黑K直接摜破月線，必需減碼避險，小心拉回的幅度會很深。

K線持續看到高點，趨勢持續上漲中；K線持續看到低點，趨勢持續下
跌中。

　　同一個市場，不同的個股走勢，當股票脫離盤整格局，走出方向
時，趨勢會持續直到無法再創高或破底，所以有些短線交易者當股價3
日不創高，就會特別留意趨勢是否還有延續的動能。

第三節　K線多空比較法──買進時機

　　操作股票時，經常會碰上震盪整理的盤勢，當遭遇這樣的盤，若你不知如何應變，手中有持股時，容易被清洗出場，手中沒有持股時，也容易因為它的震盪，而錯失進場良機。

　　四手紅盤漲高後股價拉回整理，稱為K線多空比較，拉回時間約3-5天，幅度在約10-15%之間震盪，但不可跌破上漲趨勢中，最後兩根紅K線的低點，它會回測移動平均線MA10（極強勢股甚至只拉回至5日線）。簡單說股價拉高需要作時間波修正，拉回頂多10-15%，投資人可在K線多空比較時，切入找買點，這是上車的機會，有拉回不要怕，要勇敢做多，更要把眼光放遠，只要沒爆量都很安全。

四手紅盤的飆漲過程中，會拉回10日線區間震盪整理，稱為多空比較。

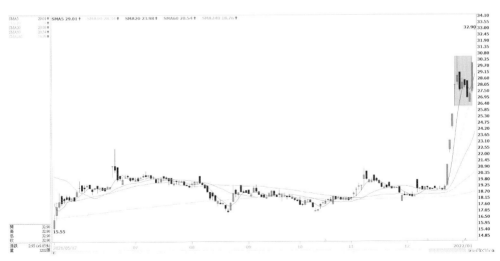

　　四手紅盤的股票在多空比較時，是很好的買進時機，可以在拉回10-15%買進，或是在拉回10日線買，若你的交易追求效率，那你也可以在多空比較，3K法突破時再進場，這樣的進場方式，買進的價格雖

然較高，但是時間成本卻最小，選擇哪一種進場方式，就看自己的立場了。

多空比較若未跌破最後第1根紅K的低點最強。

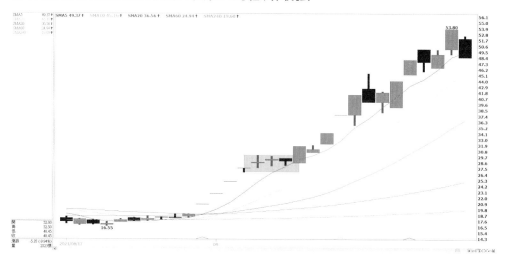

上漲趨勢中，多空比較時，最後第2根紅K的低點，不可跌破，若跌破就是空方勝，短線需出場。

第四節　3K法（3K買賣法）

在交易的過程中，何時該進場？何時該出場？這個問題相信困擾了許多的投資人，有些人為了追根究底，鑽牛角尖，無法自拔……。殊不知這個問題，其實沒有標準答案，這個解法會因為每個人的個性、交易策略、資金規模甚至年紀而有所不同……。

然而在天機圖操盤法中，有個明確的買賣訊號，那就是3K買賣法。

3K買賣法是短線轉折買賣點，它適用於日線、週線；但不適合使用在月線，使用在月線，買的價格不夠甜，賣出的價格也不夠漂亮，月線的3K法不是用來買賣，而是用來判斷長期趨勢。

今天K線的最高點，突破前2根K線的最高點，產生3K法的買點。

今天K線的最低點，跌破前2根K線的最低點，產生3K法的賣點。

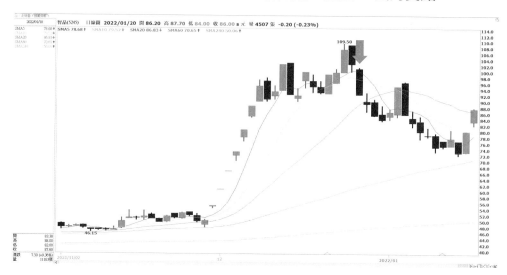

當大盤指數3K法突破時，會有好幾百檔也同時3K法突破，那到底要買哪一檔？

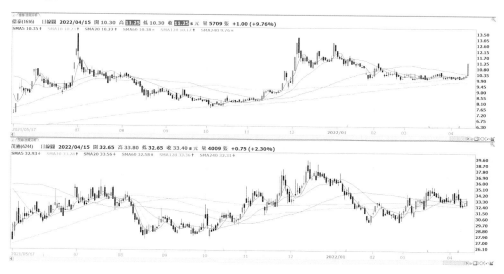

　　上圖兩檔股票雖然都是3K法突破，但追價力明顯不同，為了要辨識出真正的強勢股，我們在3K法突破的基礎上，再加上第二個條件→

要有5%以上的追價力。

　　挑選日線3K法突破，加上當日漲幅5%以上個股買進，這一招的勝率70%，不管是要當沖還是隔日沖，甚至是波段行情都是從這裡開始。（使用這個公式，在每日盤勢裡都可以找到好幾檔股票操作）

　　許多投資人都喜歡做波段，但一碰上持股震盪整理時，就坐立難安……。很明顯這樣的投資人，並不瞭解自己的個性，也不清楚自己的立場。另外也有一些想要長期投資，但買進後就完全不管理的投資人，雖然也有人推崇這種佛系操盤法，但筆者對於進場後都不管理的作法較不認同，人有生老病死，產業也有景氣循環，沒有人可以保證自己投資的公司，在未來的日子，是否還能保有高度競爭力？甚至是否還能生存？因此管理自己的持股，就是波段操作者或是長線投資人所必須要學習的。

　　3K法的日線操作是短線轉折買賣點，主要目的在降低成本，重點在執行日線3K法跌破賣出，在移動平均線MA10或MA20月線買回，進行大波段操作，在週線3K法尚未跌破之前，都要持有，這才是長線抱牢的單股操作，當然這是針對職業投資人而言，如果你自認沒時間管理股票，那麼在持股脫離成本後，你也可以直接以週線3K法操作，不予理會日線的震盪，操作的方法沒有絕對，找到讓自己最舒服的操作方式，就是最適合自己的方法。

第二章
移動平均線

第一節　移動平均線的種類

依時間長短可分爲：短期移動平均線，中期移動平均線，及長期移動平均線。

A.短期移動平均線

一般都以五天（MA5）及十天（MA10）爲計算期間，代表一週的平均價，可做爲短線進出的依據。

飆股都是沿著移動平均線五天（MA5）及十天（MA10）上漲，拉回到十天（MA10）就要進場買進。

移動平均線MA10又稱波段線，作波段的可依此位置設停利點，飆股拉回到MA10就是好買點。

飆股都是沿MA5和MA10上漲，股價拉回至MA10具有強勁支撐，因此當拉回MA10就是個好買點

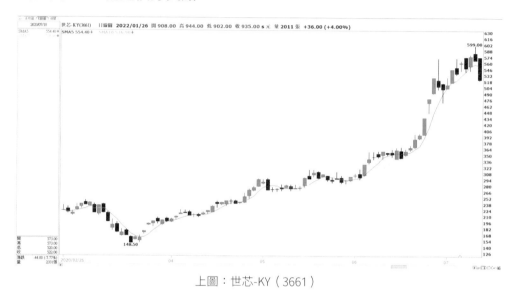

上圖：世芯-KY（3661）

　　世芯-KY（3661）2020年3月飆股沿MA5及MA10上漲，拉回MA10就是好買點，當3K法跌破+跌破10日線時，就是波段賣出訊號。

B.中期移動平均線

以二十日爲準，稱爲移動平均線月線（MA20），代表一個月的平均價成本。中長線投資人可以MA20爲停利參考點，跌破MA20會拉回作時間波與空間波修正，修正幅度可達2-3成，先停利出場，可確保獲利，規避修正風險，並節省時間成本，讓資金更有效率流動。

若持續看好這檔股票，想對該持股進行大波段單股操作，可於重新站上MA20，再買回來。

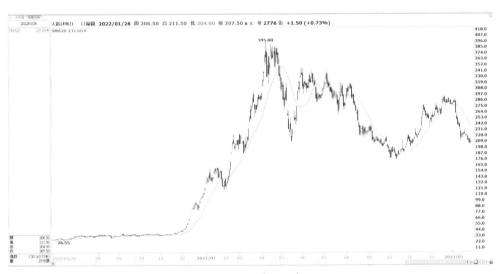

上圖：天鈺（4961）

筆者在2020年12月10日因爲四手紅盤買進天鈺，在上漲過程中，我抱緊持股，當它在1月20日3K法跌破+跌破10日線時，其實就是個賣出訊號，但因爲已拉開成本，所以我決定沿MA20操作，1月26日跌破MA20時，我按照自己的節奏出場，不過天鈺拉回修正的時間很短，很快的在2月3號又重新站上MA20，這是屬於非常強勢的整理，於是我又重新買回，直到4月28號再次跌破MA20，我才出場，如果由11月2日的低點34.35計算，不到六個月的時間，它的漲幅超過10倍，也因爲這樣

的漲幅,讓我主觀認定後續的漲幅空間有限,所以決定結束對它的操作。

六十日移動平均線,稱季線(MA60),又叫生命線。

上圖:雙鴻(3324)

跌破MA60的話,代表最近3個月買的人都套牢,股價會作更長時間、更大跌幅的修正⋯⋯。同時市場上也會充斥著利空消息,股價會開始往年線修正。

當持股跌破月線時,就該遵守紀律出場,以免跌破季線後,因虧損擴大,而砍不下手,如果你是屬於長期投資者,那麼跌破季線時,無論盈虧,都該是出場的時刻。

C.長期移動平均線

年線是大戶，中實戶與作手操作股票時，參考的重要指標，在台灣MA240是市場共識。股價若跌破年線，代表此個股基本面已走入空頭，做多股票要避開跌破MA240的股票，面對跌破MA240的股票，只能停損，絕對、絕對不能攤平，對於做錯的交易，只能認錯，不能一錯再錯。

年線是多頭市場與空頭市場的分野。

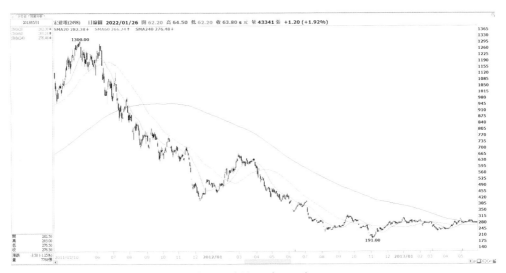

上圖：宏達電（2498）

筆者有個朋友，他在1200元左右買進宏達電，跌破MA20，出現第一個警訊時不出場，跌破MA60，他也不停損，當跌破MA240時，他已砍不下手，賭氣的看它還能跌多深，但老天爺彷彿就是想捉弄他，或者是想給他教訓，最深跌到25.4元……。

從最高1300元→25.4元，他全程參與，至今仍未賣出持股，經此一役，元氣大傷，對股市心灰意冷，之後只要聽到有人討論股票，就會以

過來人的身分奉勸旁人不要踏入股市，經過多年……，他還是沒有真正在宏達電學到經驗。

　　當宏達電跌破年線時，如果我的朋友進場攤平，那他會死的更快更慘。（他說當時很想跟銀行借錢，攤平宏達電，幸好沒這麼做，否則他大概活不下去了）

五條移動平均線全面向上，稱為五瓣開花。
代表未來將開始走長期多頭市場，要趕快進場，進行大波段單股操作。

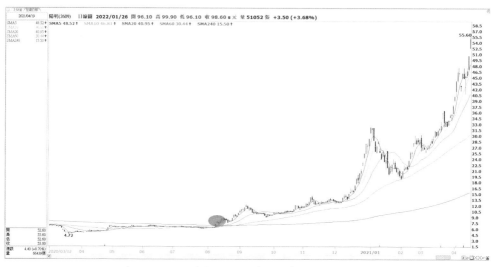

上圖：陽明（2609）

　　移動平均線五瓣開花，從2020年底到2021年7月，股價從7元最高漲到234.5元，這一段神鬼奇航，台北股市絕大部分的投資人都參與其中，人人搶當航海王，但7月過後，有按表操課，遵守自己操作紀律的投資人，仍然是航海王，但凹單的投資人，可能就沒那麼幸運了。

五條移動平均線全面向下，稱五雷轟頂。

多單出場日，空單進場時，未來最少有六個月的空頭市場，投資人一定要避開。

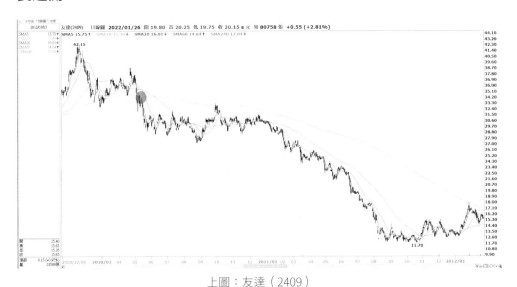

上圖：友達（2409）

　　移動平均線五雷轟頂，股價從35元跌到11.7元，修正幅度非常的深，它除了修正空間，也修正時間，手中若有持股，沒有出場的話，除了面臨巨大的虧損，資金黏在裡面，同時也就少了許多的投資機會，非常可惜。

第二節　移動平均線特性

A.方向性（下一個支撐與壓力方向）

移動平均線代表股價的方向，所以具有趨勢的性質。

移動平均線是平均成本，所以走勢平穩，不像日線的起伏有時會有較大的震盪，都是緩步上升，緩步下跌。

當股價沿移動平均線上漲，拉回至移動平均線時，移動平均線具有支撐，反之，當股價沿移動平均線下跌，反彈至移動平均線時，移動平均線就是壓力。

上圖：立積（4968）2019-2020走勢

當股價跌破MA10，就會向下測試MA20月線的支撐，當股價跌破MA60季線，就會向下測試MA240年線的支撐。

空頭轉向多頭時，亦是一關關克服，先突破MA10，再攻月線，然後挑戰季線，直到收復年線，才能由空翻多。

B.成本與時間問題

　　當股價跌破月線MA20時，代表過去一個月內投資的人套牢，股價自會向下尋求支撐，若是季線有守，整理修正時間也要花一個月，這是成本與時間問題，想降低成本的人，可在月線賣出，季線買回。萬一在月線賣出後，連季線也不守，直接下跌到年線，那風險就避開了。因此要養成習慣，跌破月線與上升趨勢線時，要賣出一趟，先避開風險，再來談增加利潤。

　　股價從高檔跌到年線，會有很強的支撐，不會一次就跌破，所以年線是一個搶反彈點，但若將由多翻空，年線位置會只是短線反彈，會開始反覆測試，當跌破年線，就確定進入空頭市場。

C.助漲力與助跌力──扣抵位置

　　股價從平均線下方向上突破，平均線也開始向右上方移動，可以看做是多頭支撐線，股價回跌至平均線附近，自然會產生支撐力量，短期平均線向上移動速度較快，中長期平均線回上移動速度較慢，但都表示一定期間內平均成本增加，賣方力量若稍強於買方，股價回跌至平均線附近，便是買進時機，這是平均線的助漲功效，直到股價上升緩慢或回跌，平均線開始減速移動，股價再回至平均線附近，當平均線失去助漲動能，將有回測平均線下方的趨勢，此時最好避開拉回風險。

上圖：雙鴻（3324）

　　現在的股票軟體，都有標示扣抵位置（三角形記號），很容易分辨，如季線MA60，上圖告訴我們三角形記號在5天後，開始扣抵的趨勢位置，季線會有助漲力道，若是股價在208（年線扣抵位置）不跌的話，未來年線也會產生助漲力，對多頭非常有利。

第三章

123法則

第一節　天機圖波浪理論與123法則

如何區分股市的多頭與空頭市場？

　　股市以移動平均線（年線MA240）來區分為多頭市場與空頭市場，多頭市場以作多為主，空頭市場多空都可以操作，但以短多長空為主要操作策略，同時也可在期貨市場避險。

123法則與波浪理論

在瞭解天機圖波浪理論之前，首先我們先談一下道氏理論以及艾略特波浪理論：

道氏理論原則：

按時間劃分，市場同時存在三種趨勢：

1.長期趨勢：持續的時間為數個月至數年。

2.中期趨勢：持續的時間為數周至數個月。

3.短期趨勢：持續的時間為數天至數周。

這三種趨勢都同時存在於市場中，彼此的方向可能相反。

短期走空，中期多頭趨勢不變。

中期走空，長期多頭趨勢不變。

但是，長期趨勢要走入熊市，是由短期開始，影響到中期走空，最後演變成經濟蕭條，通貨膨漲，步入長期空頭。

我們由此得知趨勢不容易改變，一旦改變，短期不容易再改變。因為有時間週期因素，例如戰爭衝突，影響區域經濟，中期股市會走空，可是長期趨勢走多卻不會改變。了解此原理的人，面對拉回修正會很開心，若是股市一直走多頭幾年，股價都在高檔，價值都被高估，股價上漲空間會變小，若是有機會發生戰爭、金融風暴、傳染病……等等因素，讓股價暴跌，重新修正，這就是一次財務重新分配的機會來臨。

波浪理論

「艾略特波浪理論」，它是自然界波動規律的一種近似「數學表達模型」。基本上，它和股市分析方法不處在同一層次上。瑞福·尼森·艾略特（Ralph Nelson Elliott）在養病的三年期間，通過對道瓊斯工

業平均指數的仔細研究，而發現我們現在所謂的「波浪理論」。

多頭市場漲勢波浪原理：

第一波：

又稱爲「初升段」，通常經過一段時日的下跌與築底之後出現的反轉波浪，此時多方仍有戒心，壓力仍大，一般績優大型股風險相對較小而有較佳的先行表現，穩定後之前跌深個股亦有不錯之回升。

第二波：

次波回檔幅度可能較大，必須將短多賣壓換手才能上攻。

第三波：

又稱爲「主升段」，多頭走勢確立，中長買盤積極介入，追價意願高漲，量能充裕，因此延伸波常在此時出現，多數具業績題材與主流股皆有強勢表現。

第四波：

此波修正之走勢型態可能較第二波複雜，但此時多方人氣尚未消退而尚具支撐。

第五波：

又稱爲「末升段」，短線投機買盤增加，賣壓逐漸增強，此時常有量價背離之現象，而之前漲幅落後個股將出現補漲走勢。

第A波：

市場多頭氣氛尚未結束，多方逢低仍會進場承接，但常不敵賣壓而下跌。

第B波：

投機買盤搶短居多，且前波已有套牢壓力存在，隨時可能回跌。

第C波：

空頭走勢確立，多方急於退場，賣壓沉重。

漲勢波浪原則：

1.漲升結構必由五波組成。

2.除非一、三波延伸，否則第三波漲勢最強，幅度最大，量能最多，時間最長。

3.除非一、三波延伸，否則第四波低點應高於第一波高點。

4.一、三、五波中有一波可能延伸，以第三波機率最大。

5.跌破二、四上升支撐線則五波結束。

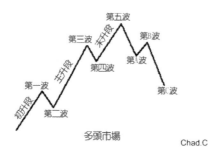

空頭市場跌勢波浪原則

1.下跌結構必由三波組成，而A、C又可細分為五波下跌。

2.反彈B波量能小於A波，容易價量背離。

3.跌A波與C波的第一、五波若無延伸，則第三波跌勢應該最強、幅度最大、時間最長。

4.下跌A波與C波的第一、五波若無延伸，則第一波低點應高於第四波高點。

5.下跌A波與C波的第一、三、五波中有一波可能延伸。

6.突破之前漲升五波高點與B之下降壓力線則三波結束。

跌勢波浪原理

1.第一波：

又稱為「初跌段」，通常經過一段時日的上漲之後出現的反轉波浪，但因此時多頭氣氛仍在，跌幅通常不會太大，而以本益比偏高個股股價修正為主。

2.第二波：

多方搶短居多或以為股價回升而加碼，但此時已出現價漲量縮之空頭跡象。

3.第三波：

又稱為「主跌段」，空頭走勢確立，之前承接者皆遭套牢，多方積極退場，市場籌碼紊亂，多殺多發生。

4.第四波：

前波超跌個股短線買盤介入，且因跌深，套牢者亦會惜售，但上方套牢賣壓重重，不宜追價。

5.第五波：

又稱為「末跌段」，量能漸縮，之前抗跌股出現補跌。

6.第A波：

市場空頭氣氛尚濃，股價雖因跌深而反彈，但因量能不足，追價意願薄弱應以解套或換股為主。

7.第B波：

解套賣壓出籠，股價壓回。

8.第C波：

若無量則以停損操作為主，可能進入另一段跌勢。

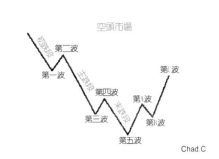

由於波浪理論所描述的波浪，必須對每一級次的波浪作出標識，以及準確分析。

所有級別中九個級別的波浪：

超大循環浪（GrandSupercycle）：
<I>、<II>、<III>、<IV>、<V>，<Λ>、<B>、<C>

大循環浪（Supercycle）：
（I）、（II）、（III）、（IV）、（V），（A）、（B）、（C）

迴圈浪（Cycle）：
I、II、III、IV、V、A、B、C

基本浪（Primary）：
（1）、（2）、（3）、（4）、（5），a、b、c

中型浪（Intermediate）：
1、2、3、4、5，a、b、c

小型浪（Minor）：
（i）、（ii）、（iii）、（iv）、（v），（a）、（b）、（c）

細浪（Minute）：
i、ii、iii、iv、v、a、b、c；

微浪（Minuette）：
1、2、3、4、5，（a）、（b）、（c）；

次微浪（Subminuette）：

波浪理論是技術分析的始祖，它的地位是無庸置疑，市場有關波浪理論的書籍太多，筆者就不贅述，然而學習波浪理論的人很多，可是能真正應用，並成功推算未來走勢的人，應該是鳳毛麟角，甚至根本就不存在。波浪理論艱深難懂，有些電視上的分析師用它來解盤，聽起來十分玄妙，什麼延伸波？在這裡延伸，在那裡又怎樣？拿來解過去的盤，似乎很厲害，但是用它去預測未來大盤指數高低點，又有誰有把握呢？操作要越簡單越好，對於波浪理論知道就行，不需過度鑽牛角尖。

天機圖的波浪理論分巨浪（月線），大浪（週線）、小浪（日線）。

巨浪是指總體經濟受到非系統性風險影響，如戰爭、金融風暴、傳染病等無法事先預測風險，一次性摧毀股市2000點以上，因為發生時間無法預測，故暫時不討論，但是台北股市長期巨浪是多頭，可以從總體經濟GDP總額，上市公司獲利成長，可以很明確判斷自從有台北股市後，巨浪都還沒有走完，長期空頭市場還很早，艾略特先生曾說，有些巨浪周期高達100多年，我們很榮幸生活在這個世紀裡，台灣經濟由半導體撐起一片天，持續向上成長，但這也不代表其他個別產業的盛衰。

下圖加權指數月線巨浪。

　　巨浪來臨時，股價會來測試5年線，與10年線成本，不管是A波還是B波都是買點，一般來說遇到金融風暴、戰爭或是傳染病等利空才會來到此位置，在當下情緒是恐慌的，此時融資追繳令，萬箭齊發，斷頭的新聞持續上報，媒體每天播報的消息都是利空，過去面對不斷下跌的股價，我的心裡也曾經承受極大的壓力，從一開始的捨不得停損（與其說捨不得停損，倒不如說是不甘心），到懊惱沒有在狀況不對時停損，後悔自己心存僥倖，沒有遵守紀律，這些心情轉變的過程，真是一種煎熬……。尤其是在開財務槓桿的情況之下，你沒得選擇，只能壯士斷腕，與其讓券商砍倉，倒不如自我了斷。於是，市場上像我一樣的傻瓜，同時開始執行停損，市場上多殺多的戲碼就此上演，不過，砍完停損後，心裡反而獲得解脫，前幾日心理上的折磨，我就當是市場對我的懲罰。

　　有專家說買股票，要用閒錢投資，不要用融資，這句話對嗎？其實不全然是，我認為要成功投資的關鍵，並不是用閒錢，或是融資投資，最主要的是投資心態和操作策略、紀律，可惜當時我不懂，面對巨浪來

襲時，我只能執行停損，避免被斷頭，事後檢討這筆操作，我只作對一件事，我選擇不補保證金，直接停損，我看著一直下跌的股價，心裡慶幸自己已認賠出場，如果當時再凹單，補保證金提高融資維持率，只會死的更慘，相形之下，我的朋友用閒錢投資，沒有斷頭的壓力，於是催眠自己不賣就沒賠，但是從賺錢時談起股票興高采烈，到賠錢時說起股票意興闌珊，這樣的情緒變化，就可以看出就算是閒錢投資，只要賠錢仍然還是抵擋不了沮喪、無助……等負面情緒困擾。

我也因此學到如果融資操作，更要縮小停損範圍，當發生流動性風險，股價下跌到可能會被斷頭的程度，那就斷頭吧！不需要再繳保證金，因為會被斷頭，代表你做錯了，再提高融資維持率，只是一錯再錯。

不過根據過去的歷史，當大盤重挫接近10年線時，是非常好的買點，通常來到了這個位階，政府相關部門開始開會，商討如何救股市，以及國安基金是否進場等相關事宜，這是一個財務重新分配的天賜良機，許多非常有耐心的投資人，以及經驗豐富的投機客也會在此時進場。

股神巴菲特曾言：「別人貪婪時我恐懼，別人恐懼時我貪婪」。

一句話道盡了危機入市的智慧，平時投資人對巴菲特名言琅琅上口，但千載難逢的機會來臨時，又有幾人能夠把握，又有多少人擁有危機入市的氣魄。

如果讓你碰上這樣的機會，千萬不能錯過，許多專家談存股，講的口沫橫飛，如果你是存股族，這個時機才真正是你存股的時刻。

下圖 加權指數週線大浪。

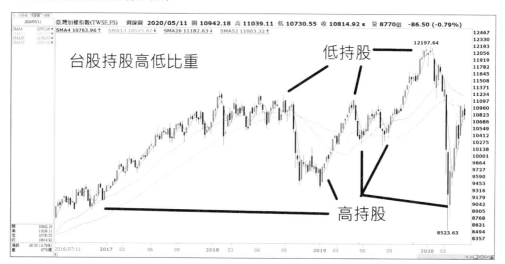

　　大盤週線最主要是應用在資金比重的控管，如果你在任何位階都是滿倉操作，那麼你必須瞭解在低位階時的大賺，可禁不起在高位階的大賠，每位投資人都想避開風險，但只要在市場一天，就沒有人能完全避開風險，只有在資金比重的控管，才能有效控管風險，進入贏家大賺小賠的境界。

　　台股平均每年有兩次以上週線大買點，要好好把握，大盤下跌有了空間，此時提高持股比重，重壓領先大盤創新高的股票，通常會有很棒的報酬率。

下圖 加權指數 週線與1325恆大週線的雙圖比較。

　　從週線來看，1325恆大在36.2元上漲到216元，漲幅將近6倍，如果以起漲時15.5元計算，漲幅更高達14倍，但除非真的高明到在15.5元起漲時就買進，否則大盤3月份跌破年線，在未出現止跌訊號時，以考量風險的前提下，1325恆大是沒有買點的，待急殺至10年線，出現疑似轉折時，此時買進比大盤強勢的恆大，是比較合理的選擇，事後證明現週線以及巨浪修正的大買點，重壓領先大盤創新高的股票，都會有非常好的回報。

下圖 加權指數日線小浪。

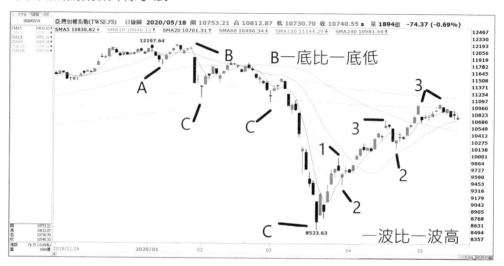

　　日線（小浪）的操作模式：一波比一波高，一底比一底高，當此波
過不了前高，必破前低。其他的波浪理論原則都不採用，簡單一句話，
股價拉回買進，過前高賣出就是所謂的「低買高賣」。

下圖 加權指數與1325恆大（日線）的雙圖比較。

　　大盤在2020年初開始重挫，日線跌到了10年線，這是巨浪的修正，產生了千載難逢的買點，此時1325恆大表現比大盤強勢，這就是可優先買進的股票，當時的收盤價36.2元，從線型可輕易分辨當大盤在走弱的時候，恆大表現非常的強勢，確認主流地位，後來大盤止跌回穩，恆大就直接噴出去，做多就要買比大盤強勢，領先大盤創新高的股票。

天機圖波浪理論：操作實務上分「123法則」與「ABC法則」。

年線是基本面的多空轉折，加權指數站在年線之上時，為多頭市場，代表明年的基本面會比今年好；加權指數在年線以下時，為空頭市場，代表未來的經濟有疑慮。

多頭市場70%以上的股票，每年震幅達一倍以上，30%的股票震幅小為權值股。

　　由上圖我們可看到2020年大盤重挫到8523點時，您在空頭市場買進的護國神山，漲幅不會讓您失望，由235.5元漲到679元，投資報酬率打敗絕大部分的權值股，但是在2021年，大盤在多頭市場，即使讓您買在當年度最低價518元的台積電，賣在同年度最高的638元，您的投資報酬率也不過才23%，2021年大盤可是上漲了3604點。

下圖：加權指數和中華電（2412）。

相同的時間點，如果你買進的是中華電（散戶最喜歡的存股標的之一），2020年震幅13%，2021年震幅也不過才9%，這樣的震幅你能從中賺取多少的投資報酬率呢？

換句話說，除非你的資金部位非常龐大，操作小型股對你而言不易進出，否則操作標的，選擇震幅波動大，股性活潑的小型股，對於績效而言，是比較有幫助的。

除此之外，多頭市場總會有幾檔妖股，漲幅5～10倍，如何找到這些妖股，以及該如何操作，這些都與123法則息息相關，有許多投資人（說投機客也行）都曾買過飆股，但是別說要操作整個波段，有許多參與者，操作一檔股票，甚至都不曾有過一倍的績效，當然如果你的操作策略，是以當沖、隔日沖為主，那就另當別論。

要創造亮麗的績效，選股要買主流股或主力股，主流股有著極高的話題性，充滿未來的題材，電視上有一大堆的分析師在討論，主力大戶、中實戶、散戶、韭菜各路人馬蜂擁而至，在資金簇擁之下，都能走一波行情。

　　另外買股票也要看股性，當股票剛突破發動時，沒人知道它能漲多少？能走多遠？但是參考過去是否有飆漲前科，這對其股性的判斷有很大的幫助。

下圖：立積（4968）週線圖。

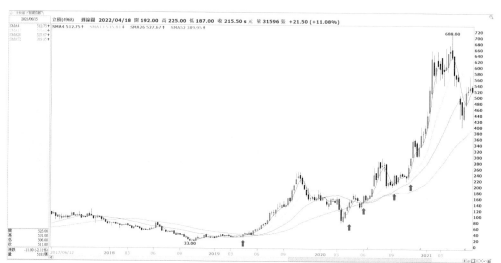

　　由上圖我們可看出立積（4968）在2019年4月15日開始起漲，短短8個月由48.7元上漲到255元，漲幅5倍多，非常驚人。2020年大盤因為新冠疫情重挫，當大盤止跌回穩，所有的股票都活蹦亂跳，面對那麼多的股票，你可優先考慮曾有飆漲前科的股票，立積（4968）在2020年3月中旬，大盤止跌後開始起漲，短短一年的時間又從94.6元上漲到688元，漲幅將近7倍，這也是為何買股票也要看股性的原因。

格局）趨勢線）型態）移動平均線）K線
格局——123法則
格局1：突破下降趨勢線，站上季線，反彈過Lx1.3

格局2：跌破月線

格局3：過前波高

下圖：陽明（2609）：格局1突破下降趨勢線，站上季線，反彈過L*1.3。

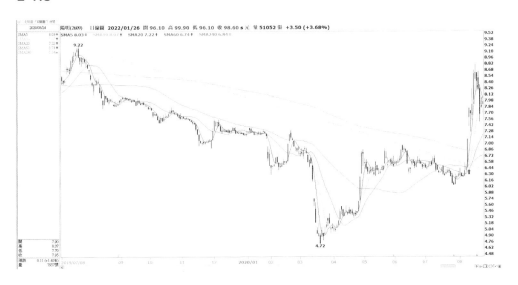

　　陽明突破下降趨勢線，站上季線，反彈過L乘以1.3，就是股票格局走1法則，代表正式翻多，拉回可買進，未來上漲的目標將上看L乘以1.5、L乘以1.625、L乘以2……以此類推。

下圖：陽明（2609）：格局2跌破月線→格局3過前波高。

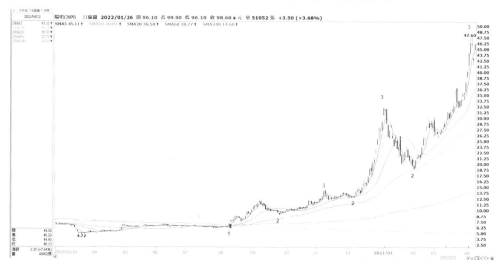

　　股票格局走1時，至少會有2波段的上漲，因此鎖定有追價力的股票，當它拉回10%～20%時可買進，過了前波高，就準備站在賣方，再強勢的股票，總有一天也會拉回修正整理，跌破10日線，可先出場規避拉回走格局2的風險，先出場除了可避開空間的修正，也可節省時間成本，避免資金被黏在場內的窘境，待修正結束，重新站上月線時，走格局3，再買回來，進行大波段操作。

下圖：大盤格局2→3→2→3的循環。

　　大盤格局走2時，回檔有時間波修正及空間波修正兩種，大盤格局2，個股輪流跌2成，但最多只能跌3成，回檔滿足點在季線。（否則2法則變A法則）。

　　【大盤格局走2換主流】，大盤拉回月線修正後，重新站上月線時，新的主流或主力股，會在此時表態，有些強勢股甚至在大盤止跌回穩之際就已噴出，因此當大盤轉折出現，要買領先創新高的股票。

下圖 加權指數與宏達電（2498）的雙圖比較。

　　大盤拉回修正後，在2021年10月18號挑戰月線，收盤仍未站上月線，但宏達電已領先大盤站上所有均線，在當天攻上漲停，在大盤挑戰月線時，就是要買這種強勢股，雖然當時並不知道，究竟是何原因，驅使它上漲，但誰都想不到2-3天後，宏達電帶動起新的主流，突然之間市場上每個人都知道了元宇宙，資金開始湧向新題材，短短不到一個月的時間，宏達電從33.8元→97.3元，漲幅近3倍，其他的元宇宙概念股亦不遑多讓，這就是主流族群的吸金魅力。

下圖 加權指數與云辰（2390）的雙圖比較。

【股票不分好壞，只分前後】多頭市場絕大部分的股票都會輪漲，差別在於有題材、有業績、有人炒作的股票，漲的快、漲的久、漲的多，乏人問津的股票，僅能緩漲整理，等待有朝一日，大盤格局走3法則，指數在高檔震盪時，資金自然會往阻力最小的地方移動，此時低價、低基期、低風險的股票，就能獲得關愛的眼神，落後補漲，由上圖可以發現當大盤創新高，云辰（2390）開始落後補漲。

大盤格局3創新高，許多資金就開始往低價、低基期的股票流竄，但這種落後補漲股，僅能短線操作，不宜長抱。

第二節　格局──ABC法則

格局A：跌破上升趨勢線，跌破季線，跌破Hx0.7。
格局B：反彈站上10日線。
格局C：破前低（多頭市場的C波，不一定會破前低）。

下圖：美德醫（9103）：格局A：跌破上升趨勢線，跌破季線，跌破 Hx0.7。

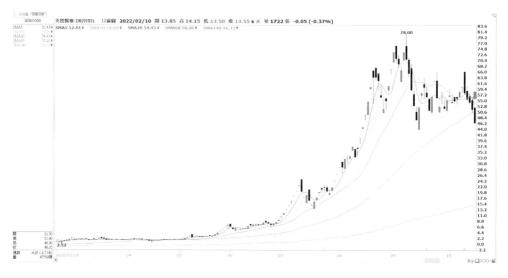

　　ABC法則在年線之上，屬於中級修正，做多需避開走ABC法則的股票，若手上有持股跌破季線，無論盈虧，均需出場避險。

下圖：美德醫（9103）格局B：反彈到10日線→格局C：破前低。

當手上持股格局走ABC法則，無論盈虧，均需出場避險。

2020年美德醫（9103）從1.22元一路飆到9月初的最高價78元，股價暴漲超過60倍，帶動了TDR的風潮，筆者也躬逢其盛，因為整個DR族群出現與海外原股價格大幅溢價，證交所提醒投資人溢價風險，但當時投機氣氛濃厚，凶猛的漲勢讓市場的參與者，只關心手上有沒有票，沒有人理會證交所的警告，9月25號證交所乾脆直接出手，對所有DR族群祭出處置措施，這一次被關禁閉的DR族群，除了美德醫和康師傅，其餘全數躺平，投資人哀鴻遍野……。

美德醫在處置期間，走勢雖然抗跌，但也令人膽戰心驚，10月14號正式出關，但開高走低，表現差強人意，隔天跌破上升趨勢線，我停利出場，結束了幾個月的DR之旅，同時也避開了格局ABC法則的修正。

當清楚123法則和ABC法則後，我們在操作股票之前，首先要先判斷大盤的格局，目前是處於多頭市場還是空頭市場？

　　當大盤走多頭，做多的標的以走123法則的股票為主，不做多、也不鼓勵放空走ABC法則的股票，全力作多。

　　當大盤走空頭，放空的標的則以走ABC法則的股票為主，不做多、也不鼓勵做多走123法則的股票。

　　操作股票順勢而為，事半功倍，當然有些投資人不習慣作空，同時法令的規範對於空方也不友善，操作不像多方的靈活，那麼起碼在空頭市場選擇觀望、休息，也是一種策略，在空頭市場逆勢作多，很容易把在多頭市場累積的財富還給市場，千萬不要做死多頭（死空頭），讓自己保持彈性，永遠站在趨勢的那一邊。

第四章

趨勢線與型態學（連續K線）

趨勢線判斷買賣時機

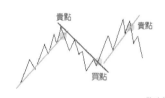

Chad. C

- 漲勢「上升趨勢」中向下突破「上升支撐線」形成賣點。
- 跌勢「下降趨勢」中向上突破「下降壓力線」形成買點。

趨勢線判斷買賣時機

◎一般漲／跌走勢

漲勢：

主升段交易熱絡，造成前後弱中強走勢，配合量價關係及上漲角度變化找買賣點。

跌勢：

主跌段急跌，造成前後緩跌中段急殺走勢，配合均線法則設停損點與放空買賣點。

◎強勢漲/跌走勢

趨勢線型態

漲勢：

走勢大漲小回屢創新高，拉回幅度小於0.382，當帶量向上突破趨勢線皆為買點。

跌勢：

走勢大跌小漲屢創新低，反彈幅度小於0.382，當帶量向下突破趨勢線皆為賣點。

◎弱勢漲/跌走勢

趨勢線型態

漲勢：

走勢逐漸趨緩，上漲角度逐步縮小，量能遞減。

跌勢：

走勢逐漸趨緩，下跌角度逐步縮小。

◎橫向整理走勢

趨勢線型態

漲勢：

以短線操作為主，向上突破趨勢線皆為短線買點。

跌勢：

以短線操作爲主，向下突破趨勢線皆爲短線賣點。

◎盤堅／盤跌走勢

漲勢：

回檔幅度常大於0.5，走勢上下震盪。

跌勢：

反彈幅度常大於0.5，走勢上下震盪。

◎飆漲／崩盤走勢

漲勢：

長期大漲小回或經整理後帶量急漲，配合甘氏線上角6/8應爲高點。

跌勢：

長期大跌小漲或經整理後帶量急跌，配合甘氏線下角6/8應爲低點。

主要型態學

技術圖形主要可分為十四種：

上升趨勢線、下降趨勢線、倒V型反轉、V型反轉、頭肩頂、雙重頂（M頭）、三重頂、圓型頂、頭肩底、雙重底、三重底、圓型底、上升旗型、下降旗型。

一、上升趨勢線

上升趨勢線又可稱為「支撐線」，隨著走勢波動，線型會形成高點與低點。當走勢持續大漲小回，低點愈來愈高，將低點與低點連結，就會連結出現上升趨勢線，當走勢拉回修正，只要不跌破趨勢線時，我們就可認定它仍處於上升趨勢中。

上升趨勢線指股價連續上漲數次（至少三次），底部愈來愈高，而將這些底部連結時，會出現正斜率的趨勢線，而上升趨勢線又分為原始和短期上升趨勢線。

原始上升趨勢線需經歷過相當長的時間所累積的波動所形成的，其時間短則一～二年，長則四～五年，而所形成的上升仰角較為平緩約為30～45度。

短期趨勢線是指在多頭市場時的波動，以各波段之底部低點為基準點向上延伸，即一底比一底高的情形，其歷經時間較短，一般為數週或數月之波動所形成的，上升仰角較陡約為45～60度，有時甚至在60度以上。

上圖：加權指數

二、下降趨勢線

下降趨勢線又可稱為「壓力線」，隨著走勢波動，線型會形成高點與低點。當走勢持續大跌小漲，高點愈來愈低，將高點與高點連結，就會連結出現下降趨勢線，當走勢反彈，沒突破下降趨勢線時，我們就可認定它是處於下降趨勢中。

下降趨勢線指股價持續下跌數次，頭部越來越低，而將這些高點連結時，會出現負斜率的趨勢線，而下降趨勢線又分為原始和短期下降趨勢線。

通常空頭市場的原始下降趨勢線所經歷的期間較原始上升趨勢線短，約為（一～二年），其下降的角度也較平坦約為30～45度。

短期下降趨勢線是指空頭市場的各個波動的高點為基準點向下延伸，其歷經之時間較短，一般為數週或數月之波動所形成的，其下降之角度約為60度。

上圖：加權指數

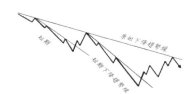

■ 趨勢線之突破及研判技巧

1. 如果股價觸及趨勢線而未能突破之次數愈多，則愈顯示出該趨勢線之支撐或反壓力道相當強勁，愈具可靠性。一旦突破，其反轉之信號將更明確。
2. 趨勢線延伸之期間愈長且未遭突破，其代表之技術意義愈大（如原始趨勢線）。但當股價之型態突破頸線（如頭肩頂或頭肩底）同時突破中長期原始趨勢線時，其反轉信號即相當明確，意謂著多頭市或空頭市場或空頭市場之結束。
3. 通常較陡之趨勢線其支撐或抵抗力較弱較易被突破，亦較不具技術意義，較平緩之趨勢線較不易被突破，一旦遭突破，其代表之技術意義亦較大。
4. 股價向上突破下跌趨勢線時，有大成交量來配合，但向下跌破上升趨勢線時，往往不需要有大的成交量來配合，當然，若有大成交量配合時，更能確定向下跌破之有效性。
5. 股價若已有效突破較平緩之趨勢線後，當股價再度返回觸及其延長後之趨勢線時，常會發生反轉現象。

三、倒V型反轉

倒V型反轉多發生於行情的末升段，走勢在急漲之後，又再急速下跌，發生此種行情的狀況，多為消息面的因素所造成，此即為倒V型態。

上圖：鉅祥（2476）

除非是大盤重挫，否則就是個股有重大利空消息影響（例如生技股解盲失敗），才會發生尖頭反轉型態，當發生此種型態，不可心存僥倖，需果斷出場，避免獲利回吐，或是虧損持續擴大。

四、V型反轉

V型反轉多發生於行情的末跌段，走勢在急跌之後，又再急速上漲，發生此種行情的狀況，亦多為消息面的因素所造成，此即為V型反轉。

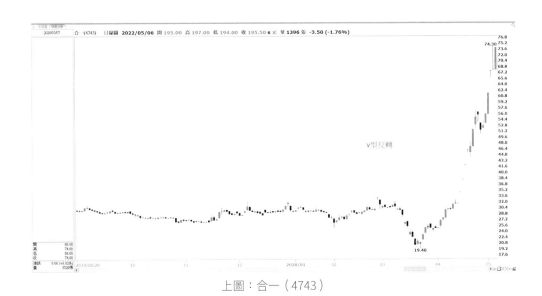

上圖：合一（4743）

　　除非是大盤大漲，否則就是個股有重大利多消息影響（例如生技股解盲成功），才會發生V型反轉型態，當發生此種型態，積極投資人，可待拉回5日或10日線時進場。

五、頭肩頂

　　頭肩頂多發生於多頭行情的末升段，頭肩頂成型與否，可從成交量來研判，最明顯的特徵是右肩量最小，其左右兩肩的高度不一定等高，頸線也不一定是水平。當走勢跌破頸線時，頭肩頂的型態就確定，走勢偏空的機率即高。

上圖：全達（8068）

　　股價自低檔上漲經過一段時間或快速上升後，成交量隨之增加，當股價漲至某一高點時，由於漲幅已大，獲利回吐賣壓漸重，於是在買盤追價意願不高，賣壓越來越重的情況下，股價自高點開始拉回修正，成交量逐漸萎縮，股價慢慢回穩，形成了左肩。

　　當股價止跌回穩，投資人逢低進場，使股價再度上揚，股價迅速超越左肩高點，再創新高，然而當其成交量並未能同步擴增，且在買盤追高意願不強的情況下，股價再度下滑至頸線附近才止跌回穩，而形成了頭部。

　　股價回落的低點明顯低於左肩頂點時停頓下來，而開始有再次回升的跡象，於是股價再度走揚，然而在成交量未能隨之增加，上漲的氣勢已明顯趨弱，沈重的套牢賣壓會讓股價尚未上漲至左肩頂點，即隨之下跌，並且跌破頸線重要支撐，當頭肩頂成型，股價往往會有較大的下跌修正空間。

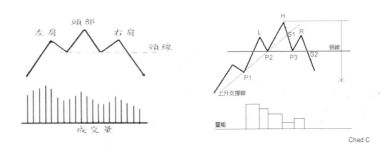

類型意義：中長期漲勢末端反轉型態

走勢說明：

　　股價由P1到P2仍為價量配合之多頭格局，當股價觸及上升支撐線P2位置而向上彈升，但此時量價已有背離現象，當股價超過前次高點L將有賣壓而拉回至前波低點附近P3止跌，再度反彈若仍無追價買盤則拉回尋求支撐，此時一但跌破P2、P3之頸線位置，則右肩成型，頭肩反轉確立。

　　帶量破頸線將直接探底，無量破頸線則有機會反彈至頸線，此時將是最後賣點。

六、雙重頂（M頭）

　　雙重頂由二個大約等高的頭部所形成，又稱為M頭，頭部反轉時，此型態發生的機會比其它型態多，最明顯的特徵是右肩成交量較左肩小，當走勢跌破頸線時，M頭的型態就確定，走勢偏空的機率極高。

上圖：博智（8155）

　　股價上漲至某一價位時，有些較為敏感的投資人，認為股價漲幅已大，開始獲利了結，因此成交量大增，股價開始下挫，而形成第一個高點，當股價拉回修正後，投資人看好該股逢低買進，使下跌趨勢止跌回穩，開始出現回升的跡象。

　　當股價回升，會吸引更多的買盤進場，買氣大增使上升力道增強，股價上漲到第一個M頂的高度附近，市場追價意願薄弱，會引發解套賣壓出籠，出現供給大於需求的情勢，股價再次拉回，當跌破頸線時，雙重頂型態完成。

七、三重頂

　　三重頂是頭部形成三個高峰，因頭部形成時間較長，日後跌破頸線整理所需的時間也較長，在每一波上漲時有量，下跌時量縮，最明顯的特徵是第三高峰成交量比第二高峰成交量小，當走勢跌破頸線時，就確認了三重頂的型態，後勢偏空的機率極高。

上圖：全新（2455）

　　當跌破頸線，確認三重頂型態時，應儘速出場，或在反彈接近頸線位置出場。

八、圓型頂

　　圓型頂是走勢已有相當大之漲幅，在頂部附近，其上升軌道已趨平緩，時而有長黑出現，最明顯的特徵是成交量有逐漸萎縮之跡象。由於股價走勢趨緩，短期移動平均線亦跟著走平，走勢在移動平均線上下遊走，最後呈現緩步下跌之走勢。

上圖：加權指數

　　大盤圓型頂走勢，量能逐漸萎縮，市場追價意願薄弱，緩跌的走勢易讓投資人沒有風險意識，在不知不覺中，滿手套牢的股票，猶如溫水煮青蛙，當大盤出現圓型頂，首要之務即是降低持股。

九、頭肩底

　　頭肩底大多發生於空頭行情的末跌段，頭肩底是否成型，可從成交量來研判，最明顯的特徵是右肩成交量放大，其左右兩肩的高度不一定等高，頸線也不一定是水平，當股價突破頸線時，就確認頭肩底型態，後市看好。

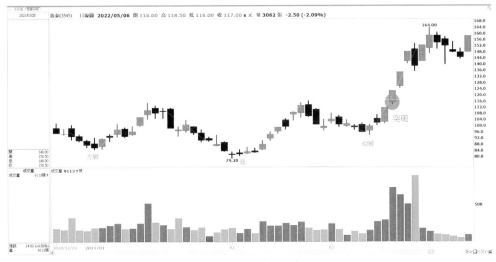

上圖：敦泰（3545）

　　股價自高檔拉回，成交量開始萎縮，當下跌至低價後，由於乖離大，跌幅已深，搶短買盤進場，股價反彈回升，左肩形成。

　　當反彈至某一價位後，追高意願不強，加上之前套牢的投資人，急於認賠殺出，因此股價又再次下跌，直到超跌後，試探性買盤湧入，股價才又快速反彈回升，此時形成底部。

　　反彈至頸線時，在短線獲利回吐之賣壓湧現下，股價再度向下探底，但幅度並不大，此時右肩成型，眼見股價漸獲支撐，因此在投資性買盤介入和空方回補，成交量激增，股價快速回升並有效突破頸線之壓力，因此形成了頭肩底型態。

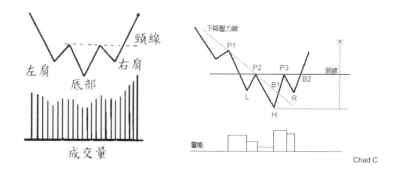

類型意義：中長期跌勢末端反轉型態

走勢說明：

股價經過一段時日之下跌後，出現P2至H之下跌量縮，為第一個反轉信號，當股價自H帶量彈升至P3隨後拉回量縮，若能在前波低點L附近止跌反彈，向上突破P2、P3之頸線位置則右肩成型，漲勢確立。

十、雙重底

雙重底由二個大約等高的底部所形成，又稱為W底，底部反轉時，此型態發生的機會比其它型態多，最明顯的特徵是右肩成交量較左肩大，當走勢突破頸線時，就確認W底型態，後市偏多看待。

上圖：上緯投控（3708）

　　股價自高檔快速下滑，成交量也逐漸萎縮，此時市場一片看淡，由於籌碼流入固執投資人手中，不願認賠出脫，而部分投資人認為跌幅已深，酌量逢低承接，形成量縮價穩之現象，股價直到止跌回升，而形成左底。

　　股價反彈至某一價位後，因投資人的信心尚未完全恢復，追高意願不強，成交量擴增有限。此時解套賣壓再次湧現，且投資人接手意願低，因此股價又滑落至左底附近，成交量亦隨之萎縮，跌勢趨緩。

　　當股價不再破底，在投資人眼見股價似有支撐的情況下，投資性買盤與空頭回補買盤進場，成交量開始放大，市場信心逐漸恢復，股價迅速反彈回升並有效突破頸線，形成雙重底型態。

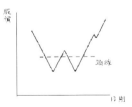

十一、三重底

　　三重底是底部形成三個底部，因底部形成時間較長，最明顯的特徵是第三高峰成交量比第二高峰成交量大，當走勢突破頸線時，就能確認三重底型態，走勢偏多的機率極高。

上圖：安集（6477）

　　當股價突破頸線，確認三重底型態時，可於突破時進場做多。

十二、圓型底

　　圓型底是走勢已有相當大之跌幅，在底部附近其下降軌道已趨平緩，時而有長紅出現，最明顯的特徵是成交量有逐漸放大的跡象。由於股價跌勢趨緩，短期移動平均線亦跟著走平，走勢在移動平均線上下遊走，最後終於緩步上漲之走勢。

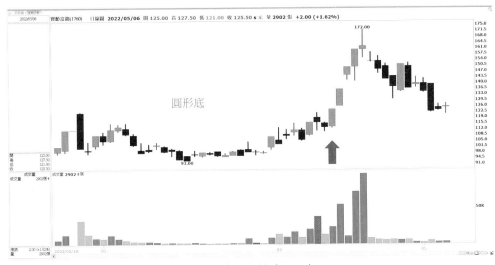

上圖：寶齡富錦（1760）

　　出現圓形底，底部籌碼沉澱已久，當放量突破時，可積極進場做多，後市看好。

十三、上升旗型

　　上升旗型大都出現在多頭走勢的整理行情，在整理期間走勢出現高點越來越高，而低點也愈來愈低，則在此上升格局下，整體未來走勢上漲的機會高。

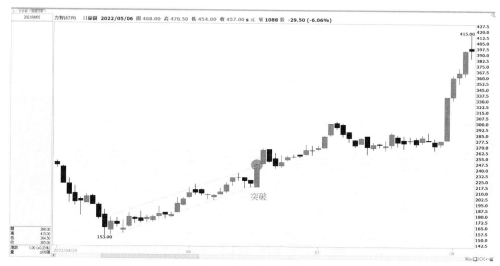

上圖：力智（6719）

十四、下降旗型

　　下降旗型大都出現在空頭走勢的整理行情，在整理期間當走勢出現高點愈來愈低，而低點也愈來愈低，則在此下降格局下，整體未來走勢下跌的機會高。

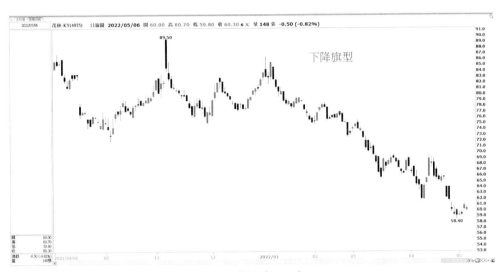

上圖：茂林（4935）

第五章
時間的循環

　　技術分析領域中，探討價格的指標最多，還有量的分析指標，有上百個，這些都是標示在縱座標，而橫座標確只有一個，費氏係數，很奇怪的是專門討論股票技術分析的書，卻沒有說明清楚該如何應用。

　　本章節就是來討論天機圖時間循環的應用觀點，在股票操作上有什麼幫助。

　　Fibonacci（1175-1250）是中世紀最傑出的數學家。他接觸到阿拉伯的數學。Fibonacci很快就發現了十進位數字系統的好處，在數字及計算上比當時通行，但十分笨拙的羅馬數字優越得太多。1202年，他發表將阿拉伯數字系統引進歐洲，立刻大受歡迎，並且很快地流傳開來，不久便取代了羅馬數字。

　　他發現費氏係數的過程，演算，數學歸納和證明，先放一旁，先看結果：

1, 1, 2, 3, 5, 8, 13, 21, 34, 55, ……

　　在計算法中，提出一系列的奇異數字，便是1-1-2-3-5-8-13-21-34-55-89-144等直到無限大，這序列的組合稱之為費波南茲係數（FIBONACCI - SEQUENCE）。

　　費波南茲係數的序列，除了前後兩個數序相加得出的[和]是另一個新的數字。

計算舉例如下：

1+1=2　2+1=3　3+2=5　5+3=8　8+5=13　13+8=2　21+13=34

除了首四個數字（1，1，2，3）任何兩個在序列內相連的數字，其互相關係的比率大約是 [1.618] 或 [0.618]，卽是說

3/ 5=0.6，5/ 8=0.625，8/ 13=0.615，13/ 21=0.619，21/ 34=0.618

首四個數字（1，1，2，3）所得出的比率爲

1/ 1=1，1/ 2=0.5，2/ 3=0.67

波浪推算

在討論波浪理論之初，指出每一級數的波浪是按一些特別的數字排列，如大浪便是由五個牛市週期和三個熊市週期所組成的八個排列而成，而小浪則是分別由 [21] 及 [13] 的牛熊週期所組成 [34] 個波浪而成。

對於這些特殊的數字，投資者一定會感到奇怪，爲什麼是3、5、8、13、……等看似有點不規律的組合，而非其他如2、4、6、8、……等數字，原來艾略特的波浪數據特別是自然定律（如大海波浪），是根據「費波南茲」的理論而設立的。

A. 將波浪以費伯納西係數解讀可應用於股票市場波數計算。

B. 一個完整市場必由一個多頭市場與一個空頭市場組成，合計兩波段。

C. 再細分之，可發現由漲五波與跌三波組成之「基本波」。

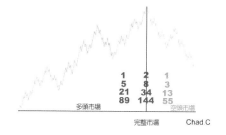

D. 進一步分解可得上漲21波與下跌13波合計34波之「中型波」。

E. 進一步細分可得上漲89波與下跌55波合計144波之「小型波如此不斷細分依艾略特之理論可觀察至九級之」最細波。

第一節　天機圖的時間轉折

費氏係數（時間轉折）

日線波段上漲時間（橫座標）=KD值從空方區20到多方區80，約13天時間，將面臨轉折，因此天機圖只取「13」當時間轉折。

13天的時間轉折，配合波浪理論，可能有以下轉折發展：

股價上漲超過13天循環，KD多頭鈍化，不只漲空間，也漲時間；上漲時間更延長達21、34、55、89……天，多頭鈍化的股票不預設高點。

上圖：恆大（1325）

當持股多頭鈍化後，不預設高點，持股抱牢，以KD戰法買賣，若空手者想切入，則在拉回3～5天時買進。

當股價多頭鈍化後，股價拉回修正時間為5-8天，回測10日線、月線，都很正常，稱KD多頭循環，長期趨勢多頭不變，整理完可再過新高。

上圖：力智（6719）

由上圖可看到力智（6719）每一次的拉回，KD都撐在50，KD持續的多頭循環，股價不斷創新高。

拉回修正8-13天，稱KD多空循環，長多趨勢雖然沒變，但短期走勢方向不明，短線應避開

上圖：安國（8054）

　　手上持股進入多空循環，應在反彈時抽身而退，陷入多空循環的股票，即使未來前景看好，整理的時間多久，沒人知道，我也曾經因為看好某些股票未來前景，執念太深，而死抱活抱，這樣的操作策略，沒有對錯，但是站在交易的角度，讓一套資金擱置在無法有效運轉的地方，事後回想，我覺得非常可惜。

拉回修正不能超過13天，超過13天後，回檔變回跌，KD空頭鈍化，不只跌空間，也跌時間；接下來會續跌到21.34.55天，轉為空頭時間波

上圖：原相（3227）

　　通常股票進入空頭鈍化後，會開始跌空間，但有一種情形，因為大盤走多頭，指數在高檔，個股下跌空間有限，形成跌時間的現象。

　　原相（3227）下跌19天後，進入空頭鈍化，經過了6個多月，震幅才20％，距離進入空頭鈍化當天的低點計算，跌幅也不到10％，這就是跌時間、沒跌空間，持有的投資人，多空雙殺。

在多頭市場上升趨勢中每一次多方攻擊，必須在13天內過新高。當股票在高檔盤整時，若拉回時間超過13日就會變回跌，小心由多頭市場轉向ABC法則

上圖：昇達科（3491）

　　昇達科（3491）橫盤整理超過13天，無法過前高，就會開始逐漸累積套牢量，當拉回破季線，停損賣壓出籠，回升變回跌。

多頭市場上漲時間大於回檔時間，空頭市場下跌時間大於反彈時間

上圖：加權指數（2020年-2021年）VS加權指數（2011年-2012年）

　　由上圖可看出多頭市場上漲的時間明顯大於下跌時間，在多頭結構未被破壞的情況下，拉回修正的時間約爲5～8天；反之，空頭市場下跌的時間明顯多於上漲時間，在空頭結構尚未扭轉之前，反彈的時間約爲3～5天，若你能善用時間循環的節奏，就可在多頭市場拉回5～8天做多，空頭市場反彈3～5天放空，在好的時機卡位，就能提高勝率。

第二節　黃金分割率（天機圖三分法）

1. 費波南茲係數比值是0.5與0.618
2. 最基本的公式就是將1分割成0.618與0.382，再演變其他計算公式，股票技術分析的專家，將其應用在股價空間的壓力與支撐，發現其準確率高達70%，另外將黃金分割率應用在股票，可以發現拉回幅度0.382處會有強勁支撐。

　目前有許多券商看盤軟體，都有輔助計算0.382、0.5、0.618位置的功能，爲避免有些投資人鑽牛角尖，太執著於精算出的數字，天機圖採三分法，股價拉回1/3、1/2有支撐，股價反彈1/3、1/2有壓力，測量大盤指數時，特別好用，個股的部分採用關卡表，使用三分法可讓投資人，更有空間概念，不易追高殺低。

上圖：加權指數（黃金分割率）

大盤走123法則，拉回時使用3分法（黃金分割率），計算支撐。

大盤由16162點上漲到18619點，此波段共上漲了2457點，當拉回0.382＝17681點就有支撐，當反彈無法過前高，就會回測前低。

上圖：加權指數（黃金分割率）

當大盤走ABC法則，使用3分法（黃金分割率）計算壓力。

大盤由18619點拉回到16764點，此波段共下跌了1855點，反彈三分之一為17382是第一個壓力，反彈二分之一17681就是第二個壓力，由上圖可以看到反彈到50％，就無力再上攻。

無論是大盤或是個股，波浪型態均是由時間和空間結合而成，價格起伏有其時間循環可推算，價格漲跌也可計算空間支撐壓力，當你的交易策略將時間循環、空間撐壓納入考量，相信你的交易手法會開始轉變，你會變的更冷靜，變的更有耐心，出手次數會變少，但勝率會提高，而這些轉變都是成功的操盤手所需具備的特質。

第六章
KD戰法

技術分析震盪指標分類

1. 價格的震盪指標：KD、RSI、MACD、DMI……等30幾種常用。
2. 成交量的震盪指標：ROC. MTM、OBV、AR、BR……等。
3. 時間的震盪指標：時間轉折指標，費波南茲係數。

在技術分析的領域中，價格是最真實的呈現，它是金錢所堆積出來，所以真金白銀所畫出的K線不會騙人，但是當一堆K線組合而成時，有時候要判斷未來的走勢，其實並不容易，於是，藉由技術指標確認，方便投資人判斷未來可能的走勢。

但是市場上的技術指標太多，各有所長，如果你同時使用多種指標，就會發現彼此間又互相矛盾，讓你的投資決策更加混亂……。於是，天機圖操盤法裡將「價格」的震盪指標中，全部融入到KD指標技術分析中，只要專心研究KD指標，就可免除同時觀看30幾種震盪指標，避免過多指標的干擾與排斥，化繁為簡，精準確認價格的走勢。

KD指標技術特性分析

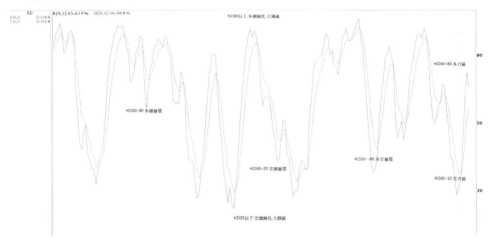

　　上圖中：KD值大都在5-95之間循環，但隨KD值落點區域的不同，股價表現出來的強弱，高下立判。

　　天機圖操盤法有別於坊間對於KD技術分析的認知，我們對KD有不一樣的看法，我們把KD參數設定9，以KD值50為中軸線，將KD分為2種鈍化、3種循環、4個區域。

　　2種鈍化：多頭鈍化（KD80以上）、空頭鈍化（KD20以下）。
　　3種循環：多頭循環（KD50→80）、多空循環（KD KD20→80、80→20）、空頭循環（KD50→20）。
　　4個區域：大漲區（KD80以上）、多方區（KD50以上）、空方區（KD50以下）、大跌區（KD20以下）。

　　過去坊間書本對KD技術分析中的解讀，KD值80以上為超買、過熱，應該賣出。KD值20以下為超賣區，KD低檔交叉往上，應該買進，如果根據這樣的論點，那麼你在台北股市將會錯失非常、非常多的行情。

多頭鈍化（KD80以上）

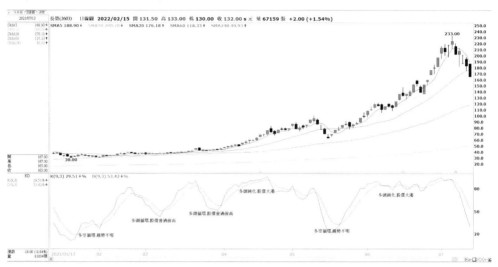

上圖：長榮（2603）

　　如果你根據坊間的書籍操作，認為KD值80以上為超買、過熱，應該賣出，那麼就算你曾擁有長榮（2603），你大概在2020年8月17日在KD多頭鈍化時，就會因它以來到超買區的理由而賣出，當時的價格14.9元，如果真的因為多頭鈍化而賣出，你將錯失後來將近15.5倍的漲幅，重要的是，累積如此驚人的報酬率，竟只花了11個月的時間，多麼可怕。

　　錯過飆漲固然可惜，但賣在起漲，就很可笑。

空頭鈍化（KD20以下）

上圖：易華電（6552）

　　有些書籍認為KD值20以下為超賣區，應該買進，但在實務操作上，易華電（6552）在4月27日KD20以下空頭鈍化，此時跌時間，也跌空間，若有投資人相信KD值20以下為超賣區，在4/27進場做多，如果以當天收盤價62.5元計算，它再拉回13天，下探42.8元，修正超過3成，由此可知，KD值20以下為超賣區，應該買進！這樣的論點，並不適用在台北股市。

多頭循環（KD50→80）

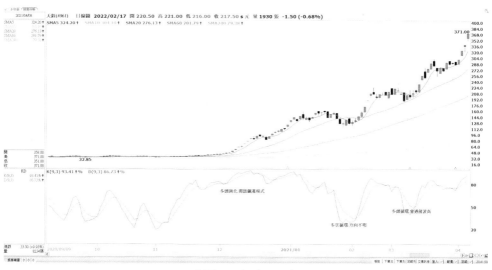

上圖：天鈺（4961）

　　我們從天鈺的走勢，可以看出當KD多頭鈍化進入大漲區，股價開始飆漲，漲時間、也漲空間，當上漲一段時間，股價不可能只漲不跌，總會拉回修正，當KD拉回50，再度交叉往上，形成多頭循環，就出現了買進訊號，代表股價會過前高，因此做多要選擇多頭鈍化或是多頭循環的股票，通常多頭循環的形成時間約5-8天。

多空循環（KD KD20→80、80→20）

上圖：第一銅（2009）

　　當股價拉回修正時，有時並不容易判斷走勢，甚至當KD進入多空循環，在方向不明的階段時，最好的策略就是避免操作多空循環的股票，多空循環的形成時間約13天，若無法及時抽身而退，一旦資金黏在裡面，還不知道要經歷幾個多空循環和空頭循環，那可真的是賠了錢又賠了時間。

　　你看第一銅（2009）一修正，就長達10個月（不知道還要修正多久），無論想作多或作空，都要等待趨勢、方向明朗時，才能獲得較高的勝算。

空頭循環（KD50→20）

上圖：天鈺（4961）

　　當KD跌破50，進入空方區，即使再度交叉往上，也僅是空頭循環，代表股價會會再破前低，因此要避免買進空頭循環的股票，通常空頭循環的形成時間約5-8天。

第一節　KD戰法+3K法

　　KD不是領先指標，K線比KD快1-2天，當3K法突破時，KD自會交叉向上；反之，當3K法跌破時，KD自會交叉向下。

　　透過對於KD戰法的瞭解，我們就可以確認3K法突破的買點。

上圖：霹靂（8450）

　　在股票市場，所有的股票，事後檢討，趨勢都非常清楚，但是在操作的當下，我卻常常對未來的走勢，感到迷惑……。

　　過去的自己總是想要把握每一次的行情，同時也害怕錯過了賺錢的機會，所以只要股價一發動，強攻接近漲停，擔心來不及上車的想法，會讓我倉促出手，結果當然總是有賺有賠，但是無法穩定獲利，我知道自己一定忽略了什麼東西，想要提高勝率，就得找出解決的方法。

　　後來我終於明白，自己太過短視，明明是操作波段的立場，卻只因一根K線的波動，殺進殺出，我忽略了先從格局著手，一根K線的波動，絕對影響不了趨勢，即便在123法則，股價也有修正盤整的時候，要避免受到盤整時偶爾反彈的K線誘惑，KD戰法的輔助，就顯得非常

重要。

　　當股價拉回修正5～8天3K法突破，KD在多方區就會形成多頭循環，代表會過前波高，這樣的買點十分明確，我學會了把握多頭循環3K法突破，同時也知道當多頭鈍化，股價橫盤整理時，一旦3K法突破，也是一個很漂亮的買點。

　　事實上3K法突破時，當下KD在哪個區域，所傳遞的訊息都不一樣，多（空）頭循環、多（空）頭鈍化傳遞的訊息明確，多空循環趨勢方向不明，做有把握的交易，避免需要運氣的操作，就能提高勝算。

　　由霹靂（8450）的走勢可以發現，即使錯過了第一波多空循環時的漲勢，但是當KD在多方區，股價3K法突破，你一樣可以把握住多頭循環的買點，參與霹靂的漲升過程，甚至在大跌區的3K法突破，你也能夠辨識出反彈格局，採取短進短出的操作。

第二節　KD背離

KD背離：主因在於股價上漲或下跌時間太快所發生現象。

1. 股價過新高點，KD值不過前高，稱爲正背離（牛市背離）
2. 股價破前低點，KD值不破前低，稱爲負背離（熊市背離）

　　股價在多頭市場，會不斷的過新高與拉回整理，每一次創高，都必須注意是否發生指標背離現象，也就是股價漲太快，迅速過前高，可是KD指標跟不上，於是會有二種情況，一是拉回整裡。二是股價持續飆漲，將KD給帶上來，再過KD前高點，這時股價已經漲翻天了。

牛市背離

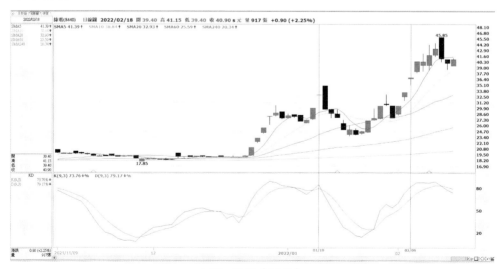

上圖：綠電（8440）

　　由綠電（8440）的走勢可以發現，1/10股價過前高，KD指標跟不上，所以拉回修正，發生牛市背離，修正後重新發動攻勢，因漲勢太

快，於2/9過前高，KD再次背離，第二次索性再向上拉，硬是將KD給帶上來。

熊市背離

上圖：鈊象（3293）

在下跌走勢中，鈊象（3293）股價不斷的破底，但KD不破前低，這就是熊市背離。

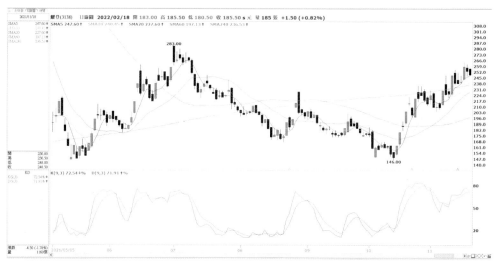

上圖：耀登（3138）

　　熊市背離在空頭裡很常見，當股價跌深發生熊市背離，代表股價跌太快。

　　破底後會反彈，居然會突破前波高，這一點在台北股市是一個很奇特現象。

　　一般在下跌波進行中，熊市背離所產生的反彈，之後都會再下跌破底，唯有跌幅滿足，才會有股價突破前波高現象，俗稱「破底翻」。

第三節　KD戰法——波段操作

日線KD操作——股市變化萬千，沒有絕對！

股價KD值在多空循環時，方向不明就不要進場，這樣也許有時候會錯過一些行情，但是更多時侯，可以避開不必要的虧損，只操作有把握的行情，買進位置是在多頭循環與多頭鈍化的第一天，這是主升段，KD值中的D值只要沒跌破50，都不用出場，等到破D值50才賣出，如此才是完成一波段操作。

上圖：青雲（5386）日線圖

當使用KD戰法波段操作，也可以運用月線輔助判斷，在行進的過程，有時會跌破D值50，可是只要股價仍在月線之上，先假設爲假跌破，不必急於賣出，上圖青雲（5386）在多頭循環的第一天進場，在KD跌破50，同時也跌破月線那一天出場，完成波段操作。

這樣的操作看起來很簡單、明瞭！但唯有你眞正執行過，你才能體會箇中艱辛，也只有眞正操作過整個波段，才能感受持股過程的不容易，以及出場後享受波段的甜美滋味。

週線KD操作

大波段投資人與上班族最佳的操作方式，利用週線拉回5週（時間循環），KD值中的D值沒跌破50，波段是相對低檔，很安全，3K法突破買進，KD會交叉往上，股價會再過前波高。

操作週線波段，一小波就能有三成的獲利空間，更不用說KD多頭鈍化，漲幅更大，週線操作往往是大週期，投資人可以抱的很放心。

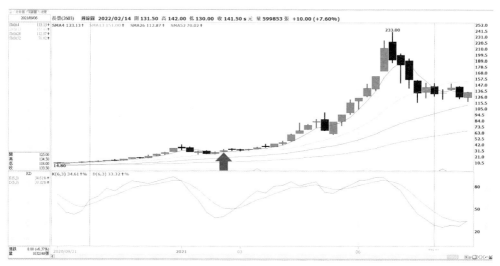

上圖：長榮（2603）週線圖

如果在10/19日以18.6元買進長榮（2603），以週線的角度，實務操作，8/19日才有賣出訊號，賣出的價格約在130.5元左右，雖然距離高點233元，似乎有不小的空間，但週線的操作，要求的是穩定，並不是賣在相對高點，但是即便如此，將近10個月的時間，從18.6元→130.5元，這樣的報酬率，一樣非常驚人，就算你是拉回5週，3K法突破買進，36.85元→130.5元的報酬率，仍然非常可觀。

如果想增加獲利空間，可以週線和日線混合使用，用日線3K法買進和賣出，不過，貼盤太近，想操作週線波段，不容易啊，反而對盤面

有些距離的上班族，更能輕鬆自在的達成週線波段操作，至於無法賣在相對高點，那又如何，那本來就是長週期操作的代價。

KD 戰法注意事項

1. 股價的技術指標不在多，在於精通有效指標，能瞭解股價多空每一個波浪。
2. 日線操作可以降低成本，可是很容易被洗出場，週線操作放太久，無法買在低點，賣在高點，各有所長，投資人需找出最適合自己的操作模式。
3. KD技術指標，要結合移動平均線、K線一起使用，更能有效的掌握住買賣點之訊號。
4. 日KD代表短期趨勢走向，週KD代表中期趨勢走向，月KD代表長期趨勢走向。
5. 大盤月KD在高檔D值80，市場非常樂觀，公司營收不斷創新高，當利多不漲時，要有風險意識，小心行情即將反轉，此時最怕出現國際利空，如金融風暴、戰爭、傳染病、甚至FED的政策，都會被以負面、放大解讀，造成投資人信心潰散，多頭兵敗如山倒。

上圖：加權指數（月KD在高檔80）

　　大盤月KD來到高檔80，除了在2017年與2021年有多頭鈍化，漲勢延續5～8個月才拉回，其他的歷史經驗，大盤月KD只要來到高檔80，就有拉回的風險，因此來到這位階，一定要提高風險意識，可以自身的資金配置，做策略性的調整，你只有避的開風險，才能確保在多頭市場累積的資產，也必需避開風險，才能爲自己在下一次的財富重新分配先卡位

6.大盤月KD在低檔D值20，長期投資大好時機卽將來臨，獲利都是以倍計算，但當時市場的氛圍，經過了一番清洗，一定很恐慌，甚至到低迷的狀態，想要把握市場財務重新分配的機會，你要先避得開風險，如果避不開巨浪、大浪下跌的時間與空間，那麼只能被動的等解套，談不上把握獲利良機。

上圖：加權指數（月KD在低檔20）

　　根據過去的歷史，大盤月KD來到低檔20的機會非常的少，來到這位階，大盤再下跌的空間有限，此時可分批逢低進場，做長期的投資規劃，這是千載難逢的機會，一定要把握。

　　7.月KD交叉向上，週KD交叉向下拉回，伺機買進。

　　8.週KD交叉向上，日KD交叉向下拉回，伺機買進

　　9.週KD交叉向下拉回，日KD交叉向上反彈，伺機賣出或放空。

10.牛市背離短線會拉回，但是股價趨勢向上，拉回找買點，不要逆勢放空。

上圖：加權指數（牛市背離）

　　當股價過前高，KD值卻不過前高，短線會拉回，但拉回是找買點，因為趨勢還是向上，不可因KD背離，而逆勢放空。

11.熊市背離短線會反彈，但是股價趨勢向下，反彈找賣點，不要逆勢
做多。

上圖：加權指數（熊市背離）

　　當股價破前低，KD值卻不破前低，短線會反彈，但反彈是找賣
點，因為趨勢還是沒變，不可因KD背離，而逆勢做多。

　　透過KD的確認，可以更清楚當下股價所在的區域，以及將走哪個
循環，當瞭解KD的架構，就能避免受到一根K線的誘惑，而陷入技術
盲區。

第七章
K線的選股方法

波浪比較意義與原理

1. 大盤指數在每一波浪的上漲或下跌，皆是由權值股或各類股強弱所帶動造成的果。在大盤波動起伏的過程中，投資人必須追蹤市場資金流入與流出哪些類股？

   比較大盤指數，各類股，各族群強弱，進一步發現領頭族群，買進該族群中，最具指標（最強）個股，成為最重要的功課，但此時考驗的不僅是膽識，同時也考驗著選股能力。

2. 指數、類股（族群）、個股輪動關係與強弱比較：對於選股，永遠要買比大盤還強勢的股票，當個股的線型、格局均與大盤相似，此時波浪比較法就可輕易判斷出強弱。

   根據大盤的盤勢變化，我們可用K線的比較功能，延伸出5種選股方法：分時比較法、三天比較法、MA比較法、格局比較法、波浪比較法。

第一節　分時走勢比較法

適用對象：當沖客或短線投資人

顧名思義就是比較個股的分時走勢每一細微波與大盤（OTC）指數的對應關係，互相比較孰強孰弱？比較誰先創高？或比較誰先創低？分時比較法除了在盤中可以發現剛發動的股票之外，這樣的技巧，應用在短線當沖的進場時機，亦十分好用（分時比較法可應用在短線當沖，但如果要做波段，則必須要看日K，同時搭配其他選股方法）。

上圖：新唐（4919）

大盤開低走低，新唐開低走高，很明顯開盤不久，就展現比大盤還強的氣勢，當大盤在9：40分左右，創下今日低，新唐並未受大盤拖累而拉回，僅是橫盤整理，這種就是分時走勢比大盤還強的股票，以短線當沖而言，這是可以做多的標的，就算你不做多，也不要逆勢放空比大盤還強的股票。

上圖：力智（6719）

大盤開低走低，力智一樣開低走低，與大盤同步，但當大盤在9：45分左右反彈，力智未跟隨大盤反彈，反而再創今日低點，這種就是分時走勢比大盤還弱的股票，以短線當沖而言，這是可以做空的標的，就算你不想追空，也不要逆勢做多比大盤還弱的股票。

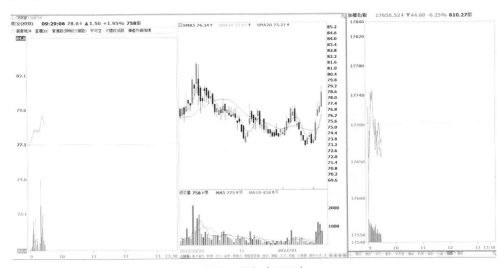

上圖：明安（8938）

大盤開低反彈後走低，明安開平走高，分時走勢比大盤強，以短線當沖而言，這是可以做多的標的，當它拉回可進場試多單。

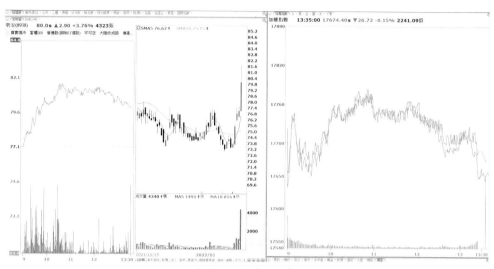

上圖：明安（8938）

　　延續上一張圖明安的分時走勢，拉回試多單後，可選擇當沖停利出場，當然也可以以日K為依據，波段操作，操作週期長短，其實因每人的個性而異。

上圖：金麗科（3228）

　　大盤開低反彈後走低，金麗科開小高後拉回，分時走勢比大盤強，以短線當沖而言，這是可以做多的標的，當它拉回可進場試多單，眼尖

的你，是否發現這分時走勢與明安類似？沒錯，他們在一開盤就表態，分時線類似，區別在於日線有所不同，而日線是決定是否留倉的因素之一。

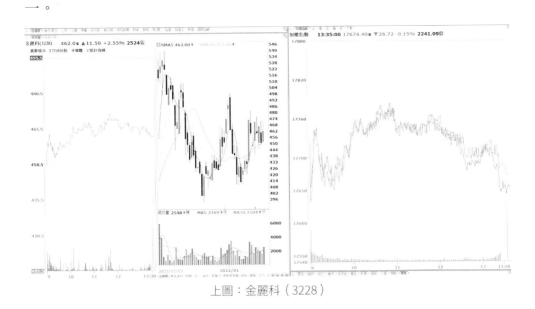

上圖：金麗科（3228）

延續上一張圖金麗科的分時走勢，拉回試多單後，大盤在接近11點左右創今日高後拉回，但金麗科不僅沒拉回，還在11：40分左右創高，多單續抱，11：50分左右，大盤稍微彈了一下，但金麗科沒什麼反應，12：00過後，大盤還在盤整，但金麗科此時先轉弱，如果你的立場是當沖，現在就可考慮停利出場。

分時比較法雖是短線當沖必學技能之一，但這項技能主要是方便讓你在盤中找到剛發動的股票，取得較漂亮的進場成本，擁有價格優勢，在波段操作時，才不容易被洗出場。

筆者並不推薦每天當沖，也不建議你用分時比較法沖來沖去，當沖的交易成本太高，根據證交所統計，2021年整體當沖客大虧439.8億，其中最大的贏家，其實是政府和券商，由此可知，能靠當沖生存的人，

實屬鳳毛麟角，想要戰勝存活在市場上的極短線贏家，談何容易，雖然資本不大的投資人，想要迅速累積財富，運用高週轉率，是個不錯的策略，但新手投資人在加入當沖戰場之前，你該思考自己的個性適合哪些戰線？tick trade？一波流？日內波？想想自己面對那些高手，有什麼優勢？

其實許多新手誤解其意，輕信網路上宣傳的無本當沖，筆者實在不認為會相信無本當沖的小菜雞，選擇當沖戰場，會是極短線贏家的對手。

2021年航運三雄大漲，更是助長了當沖氣焰，許多相信無本當沖的新手紛紛加入戰局，在短線高手的眼裡，這些新手無疑是待宰羔羊，違約交割頻傳，就證明了羊入虎口，甚至還有一筆長榮的違約交割，居然連3500元都繳納不出，信用就此破產。3500元？多麼昂貴的代價啊。

第二節　三天比較法

適用對象：當沖，隔日沖或短線投資人。

方法：將個股最近三天的走勢與大盤（OTC）最近的走勢，互相比較強弱，主要用途在於判斷強弱，確認轉折。

123法則中，比較個股3天K線強勢於大盤者，特別是3K法剛突破者，當天分時走勢比大盤強勢者，都是買進標的，如果當天上漲5%以上更好，有機會當天拉漲停板。要注意空頭市場是比較誰弱勢，而非強勢。

上圖：中磊（5388）

大盤破昨低，持續破3天以來的低點，代表維持弱勢格局，但反觀中磊，突破了3天來的新高，就短線而言，如果想做多，那麼做多中磊是比較有機會的。

上圖：台揚（2314）

　　大盤破昨低，破了3天來的低點，台揚也破3天來的低點，再創新低，比大盤更弱勢，很明顯這就不是多方標的，千萬不要認為已跌的很深，而進場搶反彈，要搶反彈必需建立在分時比較法比大盤強，才能進場搶短，至於是否能留倉，則需考慮大盤是否有止跌回穩跡象，以及股票的日線格局是否比大盤還強。

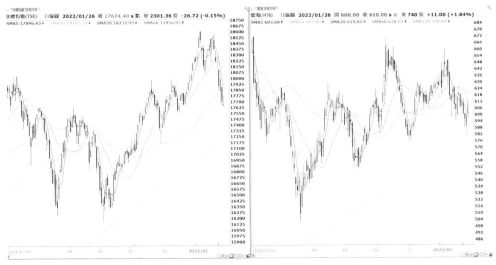

上圖：儒鴻（1476）

　　大盤破昨低，破了3天來的低點，相形之下，儒鴻突破3天來的高點，領先止跌，這在盤中就是可搶做多的標的，但因大盤尚無止跌跡象，所以做多只能暫以短多為主。

　　三天比較法應用在短週期的轉折，以日線而言，可掌握較好的轉折時機，但進場後的操作週期，則需以大盤以及個股的格局、位階作決定。

第三節　MA比較法

適用對象：波段操作投資人。

方法：比較個股移動平均線MA與大盤MA的相對位置，MA比較法對於確認個股強弱，非常好用。

重點在買進個股的MA位置強勢於大盤和其他股票，代表此個股還會續創新高。

上圖：金麗科（3228）

大盤跌破MA60，金麗科仍力守所有均線之上，表現相對抗跌，兩圖相較之下就可輕易得知金麗科略勝一籌，一旦大盤出現轉折，就可買進MA比較法比大盤還強勢的股票。

上圖：力智（6719）

　　9月22日大盤跌破MA60，力智（6719）力守MA60之上，表現比大盤強，當大盤止跌回穩，這種強勢股就很容易領先大盤過前高。

上圖：大立光（3008）

　　大盤跌破MA60，但大立光早已跌破所有均線，這樣的線型非常弱勢，投資人一定要避免做多這種弱勢股。

第四節　格局比較法

大盤的格局，決定了目前操作的多空立場，以及操作週期的長短，也影響整體資金比例的調整，確認大盤格局後，才能爲交易擬定方向，找尋適合的標的進場。使用格局比較法，目的在於篩選出符合現階段，比大盤強勢的做多標的（或是比大盤弱勢的做空標的）。

適用對象：大波段操作投資人（最適合上班族）

方法：比較個股123法則與大盤123法則的強弱勢，最適合無法看盤的上班族和大波段操作者。

上圖：全宇生技（4148）

大盤2法則，全宇生技（4148）已領先大盤創新高，大盤走2換主流，就是要買這種領先創高的股票。

上圖：三福化（4755）

　　由上圖可看出三福化（4755）在1月後表現就與大盤同步，其實大部分的股票都跟大盤同步，但要創造打敗大盤的績效，就不能買進和大盤同步的股票。

上圖：大眾控（3701）

　　我們可看出當大盤還在走3法則，大眾控（3701）已經轉弱走2法則，除了要避開做多這樣的股票之外，手中持股若是領先大盤轉弱，也必需賣出。

第五節　波浪比較法

適用對象：波段操作投資人（最適合上班族）

方法：比較個股與大盤每一波浪強弱勢，是時間波的比較，同一時間內兩圖來做比較，大盤波浪的高點與個股波浪的高點相比，大盤波浪的低點與個股波浪的低點相比，謂之波浪比較法。

買進波段比大盤強勢，而且領先突破前波高點的個股，波浪比較法很容易找出強勢股。

上圖：神準（3558）

大盤一波比一波低，神準（3558）反而一波比一波高，出現這種股票，就要趕緊瞭解上漲的原因，當然很多時候都是不知為何而漲，就是先卡位再說。

上圖：富采（3714）

　　大盤未過前高，破前低，富采突破前高，拉回力守前低，波浪比較就比大盤強勢。

上圖：華孚（6235）

　　大盤未過前高，破前低，華孚表現與大盤同步，這就僅能觀察，我們只買進比大盤還強勢的股票。

上圖：同致（3552）

大盤還再創高時，同致就已破底，表現比大盤弱勢，這種股票要避開。

以大盤的格局，決定操作的標的

當大盤來到2法則轉折點時，作多1.3法則個股

上圖：智晶（5245）

　　當大盤3K法突破站上月線走2法則，要做多領先大盤創新高，有追價力的股票。

上圖：智晶（5245）

當大盤來到3法則時，賣出A.C法則個股。

上圖：晶宏（3141）

　　當大盤還在走3法則，晶宏（3141）在1月7日已跌破季線走A法則，這種領先大盤下跌的股票，一定要賣出，若在1月7日有遵守紀律出

場，以當天的收盤價232元計算，到4月25日的收盤價133元，可避開99元的虧損，自高拉回腰斬的修正風險。

當大盤來到A法則，多單獲利了結。

上圖：瑞鼎（3592）

大盤格局A，個股輪流見高點，瑞鼎格局3，雖然表現相對大盤強勢，但跌破10日線，多單就必需停利出場，慎防補跌。

上圖：瑞鼎（3592）

　　當1月26日跌破10日線，如果能確實執行停利出場，就能避開後面將近40%跌幅的修正風險。

上圖：佳凌（4976）

　　大盤格局A，佳凌格局C，表現相對弱勢，這種股票就必須避開，積極的投資人甚至可放空領先大盤破底的股票。

當大盤來到B法則轉折點時，作空A.C法則個股。

上圖：尖點（8021）

　　當大盤還在年線之上的B法則，不一定要放空，畢竟還是多頭市場，但年線之下的B法則，就可作空A.C法則個股，尤其是領先破底的股票，可更積極操作。

當大盤來到C法則轉折點時，作多1.3法則個股。

上圖：華新（1605）

　　當大盤來到C法則轉折點時，作多1.3法則個股，但會先以搶反彈的立場做多，有追價力鎖的住漲停，才能留倉續抱且戰且走。

第八章
天機圖的飆股模式

　　學習甘氏角度線的目的，利用每個波段，找出上升角度最陡的飆馬股。

　　甘氏角度線的種類：

　　縱座標爲價格，橫座標爲時間。

1 X 1 ＝45度　1 X 2 ＝63又3/4度　1 X 3＝71又1/4度　1 X 4 ＝75度
3 X 1 ＝18又3/4度　4 X 1 ＝15度　8 X 1 ＝7又1/2度

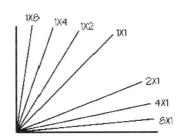

　　45度是多空角度，45度以下不做多，尋找60度以上的股票做多，坡度越陡越好。

第一節　飆股（主力股）的技術分析現象

1. 股價大漲小回，上漲時間超過13天以上，股價沿著並保持在
   MA5、MA10以上，因高點價位會座落在時間上的第21、34、
   55、89、144天。
2. KD數值80以上，日、週線呈現多頭鈍化現象。
3. GAN角度線60以上。
4. 題材性，現今明星產業，有故事性潛力股（曝光率高）。
5. 每年3、6、9、12月爲法人作帳月，投信會鎖籌碼，拉抬股價，
   比賽操盤績效。

題材性：

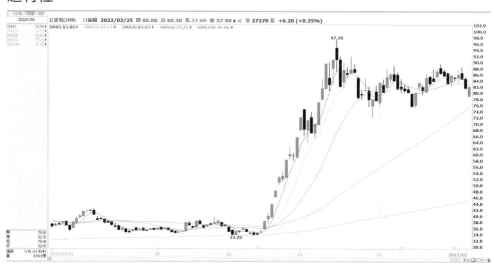

上圖：宏達電（2498）

　　2021年10月29日，隨著臉書公告將更名爲「Meta」，正式進軍元
宇宙！

　　挾著元宇宙的題材，宏達電的股價在短短一個月的時間，漲幅將近
3倍，非常驚人，但如果你曾參與這場戰役，想必你一定知道其實宏達

電在10月18號就開始起漲，當時除了可以從技術分析發現它不尋常，其他可以獲得的資訊可說是非常有限，直到10月29日臉書發佈重訊，市場全面引爆元宇宙的題材，聞風而至的買盤，繼續推動宏達電的股價，同時也帶動了概念股走揚。

　　這一波的漲勢完全是題材的炒作，跟基本面無關，上漲3倍時公司仍是虧損，如果你是基本分析者，你根本無法參與這波漲勢，但要在10月29號之前就進場的投資人，那肯定是技術分析的佼佼者，才能洞燭先機。

事件型：

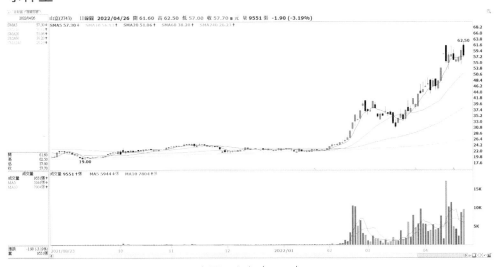

上圖：山富（2743）

　　受到新冠疫情的影響，觀光旅遊業慘不忍睹，沉寂2年多，隨著日本在2022年宣布將在3月開國門，國際旅遊市場透出曙光，主要業務在日本的山富，展開強勁的反彈，從22.2元開始起漲，到4月26日最高來到62.5元，漲幅將近3倍，

　　請問這段時間對營收有貢獻了嗎？沒有！

　　請問國人在3月過後，可以隨心所欲出國旅遊了嗎？也沒有！

那有影響到山富（2743）的漲勢嗎？並沒有！

股票交易的是未來，目前營收黯淡沒關係，只要有人炒作就行，只要有資金流向該族群就可以，而這些完全會反應在技術線型上。

事件型：

上圖：佳龍（9955）

2022年2月俄羅斯大軍集結在烏克蘭邊境，隨著美國提出警告，表示俄羅斯將在2月16日發動攻擊，俄烏局勢緊張，立即推升石油、黃金價格，市場預期從事貴金屬買賣事業、廢棄物處理業者將受惠，聰明的資金立即跑往佳龍（9955）避險，如果你知道操作甘氏角度陡峭的股票，那麼這一波的投機行情，絕對少不了你。

主力股作價漲幅：

1.主力股（公司派），長線漲幅約5-10倍漲幅。

2.投信鎖單（認養股），長線漲幅約2倍漲幅。

3.中實戶作價，一波到頂。

主力股（公司派）十倍漲幅：公司派炒作，以年為單位思考。

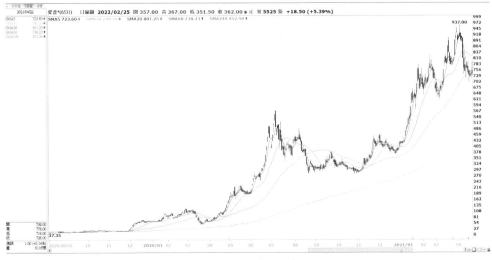

上圖：愛普（6531）

　　愛普在2019年11月18號46.1元開始起漲，由四手紅盤展現其飆股潛力，直到2020年2月26號，股價已來到146元，3個月的時間，超過3倍的漲幅，走勢比大盤還強勁，隨後因新冠肺炎疫情席捲全球，大盤重挫，愛普無法倖免，腰斬至73.5元，但隨著大盤走穩，愛普也重返多頭軌道，一年的時間，超過十倍的漲幅，這就是大主力的傑作。

投信認養2倍漲幅以上：投信以月週爲單位思考。

上圖：智原（3035）

　　一旦發現漲勢凌厲的股票，有投信建倉，可跟單操作，因爲投信喜歡認養有前景、有業績的成長股，操作週期較長，若能搭配題材，往往都可成爲市場熱門股，擁有倍數漲幅，跟隨投信操作，更需留意投信作帳行情3、6、9、12月（尤其6、12月半年報）。

投信認養

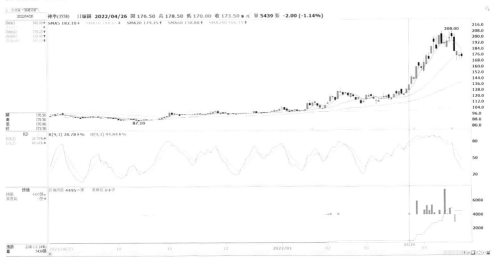

上圖：神準（3558）

　　每天都要留意投信的買賣超，尤其是當大盤不穩定的時候，更需要留意投信的動向，當大盤表現不好，卻有股票逆勢上漲，當盤後發現投信剛建倉時，就可積極跟單。

中實戶喜歡一波拉抬到頂

上圖：智晶（5245）

當市場有新題材，中實戶會尋找相關概念股炒作，有些股票長期乏人問津，成交量小，容易拉抬，但中實戶交易節奏快，容易走一波到頂模式（漲一倍）。

第二節　買飆股方法

1.突破下降趨勢線，站上季線──GAN 60度角上漲

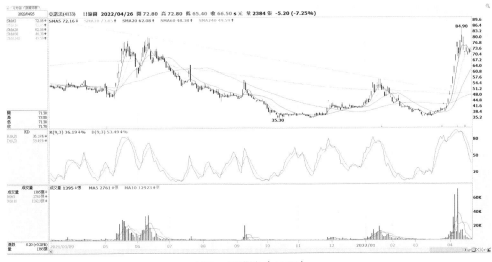

上圖：亞諾法（4133）

　　突破下降趨勢線，站上季線，上漲角度陡峭，就是具有飆股潛力的
標的。

2. 四手紅盤，跳空上攻──K線戰法多方

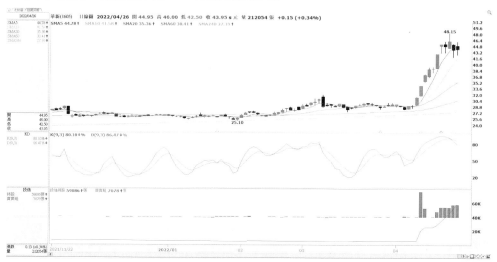

上圖：華新（1605）

　　四手紅盤的股票，可在5日線買進，但若使用投信買進法，在華新（1605）起漲時就能買在漂亮位置，但其實發現四手紅盤的股票，在5日線或多空比較時切入都還來得及，四手紅盤只是剛起漲而已。

3. 123法則──前波段有大飆漲前科

上圖：三福化（4755）

　　市場上的強勢股很多，我們不可能每一檔在起漲階段就能參與，但是只要它前波段有飆漲前科，就可以鎖定它，在它出現轉折時買進，參與後面的漲勢。

4.日週KD值80以上，多頭鈍化

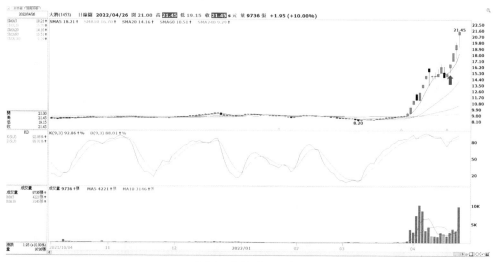

上圖：大將（1453）

　　KD多頭鈍化的股票，可在拉回10日線買進，但有些投資人看它飆漲了一段，拉回時是不敢買的，如果你在拉回時不敢切入，那麼KD多頭鈍化後的3K法突破，就是一個很好的切入買點。

5.股價拉回MA5、10日線可以買進，沿著月線操作，常見暴量洗盤換手非頭部，上漲一波整理完再上漲

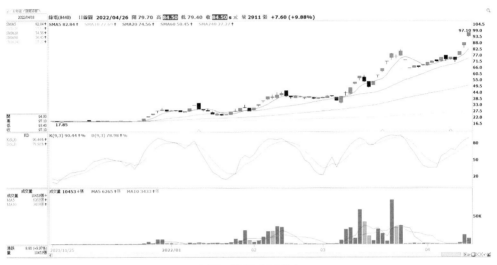

上圖：綠電（8440）

　　當股票以四手紅盤姿態起漲，可在股價拉回MA5、10日線時買進，沿著月線操作，跌破月線賣出，重新站上月線再買回，大波段操作。

6.當天股價從漲停到跌停爲出貨現象，等同2根PT線跌破，要在當天賣出

上圖：藥華藥（6446）

通常沿甘氏角度75度以上飆漲的妖股，主力出貨時，非常兇狠，當手上的飆股，當天股價從漲停到跌停，爲出貨現象，要在當天賣出，盤中不可心存僥倖，不可安慰自己，這可能是主力洗盤現象，也許眞的是主力洗盤，那也僅是少賺，但如果是出貨，你的遲疑，會讓你付出代價，而且根據經驗，連續2根PT線跌破，都是出貨居多，只要是出貨，以今天的出場價格來看，也許不是很漂亮，但時間若拉長，當天出場往往是相對高點。

第三節　如何尋找飆股每天作業程序

1. 利用漲停板股作筆記，每日記錄追蹤，找出四手紅盤股，同時也不會遺漏掉強勢股，並且記錄投信每天買賣超，追蹤法人強、弱勢股的變化。

   漲停板股卽是強勢股，有很高的機會變成震幅波動大的主流股。必須勇敢追價，特別是當美股大跌時，強勢股拉回就是好買點。反之，走空頭市場時，要利用跌停板股作筆記，找弱勢股，順勢放空操作。

2. 漲停板操作法──利用多頭漲停板作價差，可以追價買漲停，隔日沖銷也行，因作多的基礎在追價力，今天漲停板，明日仍有高點的機率是70%，但是當今沖銷太盛，需留意盤後籌碼，是否有隔日沖大戶進場，盤中買進可調整爲3K法+5%以上。

3. 同產業股集體上漲，找出最強勢的指標股（領頭羊），找出漲升理由，找出基本面題材。選錯股，漲升空間就會變小，更不要因領頭羊漲高了，而去買補漲落後股。（領先股通常有特定主力在裡面，不怕大盤震盪）。

你追不追漲停？操作勝利的一大關鍵

作多的基礎在「追價力」，追漲停不是一件容易的事，它具有一定的門檻，沒有經過訓練與觀念的改變，正常人不容易做到，這也是一般人無法賺大錢的原因之一，因爲絕大部分的人，只想買更便宜，不想買當天最高價。

漲停是一種慣性，還是偶然，一定要先分辨清楚，如果是一種慣性，就不要讓它輕易溜走。

有時候一支股票能連飆好幾支漲停，有時卻只有一日行情，必要的條件，首先大盤必須在多頭市場裡，盤後也可買漲停，但是在多頭市場裡，每天都有個股漲停，強勢的漲停就是一路鎖到底，這種別說盤後買不到，就算盤中也未必能買到，有些是盤中拉上去，這個盤後就很好到手。現在有當沖，盤中買到漲停，有危險當天沖掉，也能控制風險，若盤後的話，就算行情不對，隔日也能賣出去。

買漲停的股票，隔日通常都還有高點，好運的話開盤又是漲停，隔日若是鎖不住，縱使開高走低，依然能從容賣出去，雖只有一日行情，一樣能獲利。切記，大盤走空頭時，去追漲停是逆勢交易，是佔不了便宜的，因為搞錯方向，要注意的是跌停板。

股市裡無非就是大賺、小賺、大賠、小賠，若能改掉大賠的風險，那賺錢的機率就很大，股票可以停損，但是絕不套牢，資金不可被黏住，寧願砍錯也沒關係，因為賺錢的機會還是很多。

黑馬就是飆股，最棒的飆股就是沒有人知道的冷門股，忽然間竄起，旱地拔蔥，一飛而上，所有的投資人手上都沒有，對於該股竄起的題材，感到陌生，面對它的崛起，投資人只能買進。其實，任何一個股成為「黑馬」，都不是在瞬間完成的，總是有它成長發展的軌跡，下面的標準，可在個股中單獨存在，也可能共同存在，只要投資者注意觀察，是可以作出準確判斷的。

1. 選擇有主力運作的個股，尤其是有強主力介入的股票一般都有漲倍數的機會。處於主力收集階段的個股，其底部形態較為明顯，在分時圖中和買賣盤中露出痕跡，拉升階段，成交量巨額放大、加速萎縮、洗盤誘空，都可看出主力的影子。此時關注和跟進，可搭一段順風車。

2. 選擇技術形態有強實底部的個股。有主力介入的個股一般底部形態都是堅實的狀況，底部越大，持續時間越長，說明主力吸籌越多，控盤的能力越強，以後拉升時上升幅度和空間也越大。

3. 選擇臨近突破形態邊緣的個股。技術形態臨近突破的個股，一般都有較長的整理，所以要選底部構成圓底形態剛剛突破、或三角形整理低位向上突破時大膽跟進，在突破臨近時或已開始突破時跟進，可避免等待太久。

4. 選擇走勢較強的個股。「強者恆強」。在選股時，如均線系統形成多頭排列，股價又站在均線之上，或者是KD鈍化的個股，都可大膽介入。

5. 選擇有題材，能成爲市場熱點的個股。題材永遠是股市炒作的理由，也是推動股價上漲的客觀因素。有題材的個股，市場容易接受，容易匯集人氣投入炒作，也才能爲主力所青睞，上漲拉抬的空間較大。

飆股的基本面特性

1. 每股季盈餘成長性以及年盈餘YOY成長性的變化，這是最重要的問題，如果一家公司現在賺的比以前多，其價值一定會重新估算，這時候就會有上漲的契機，當然或許不是你買進時便會馬上漲，還必須等到其他投資人也發現這個標的時，才會有大漲的現象。如果你買進股票其盈餘沒有變化，與去年同期相較結果是差不多的話，那麼就沒有潛在上漲的因素，頂多可能是消息面或籌碼面的影響因素，這都僅會曇花一現，甚至出現相反的走勢，選擇股票必須先看基本面爲主。當然這是長期投資要作的事，如果只是短期操作，以技術面爲主。

2. 公司所營利的產品、技術服務、以及經營模式起大改變，如產品漲價、新服務應用、投入產業新趨勢。在股價飆漲突出的公司當中，其中有很高的比例都曾有創新的發展，讓公司在產業中保有領先地位。另外，股票創新高也是一種新發展。大部分的投資人在股價新高時，都不願意進場。其實股市有一種特性，看來漲得過高的股票還會繼續上場，而跌到接近谷底的股票可能還會繼續下滑。不過這也不是絕對，還必須配合一些指標進行觀察。

3. 流通在外的股數流通在市場的股票如果越少，其價格比較容易上漲，原因是因為流通在市場上的股票少，表示供給量並沒有太多，相對的籌碼穩定現象。

4. 法人的支持程度，這些法人包含大股東的持股、外資、投信等。法人對股票的需求最為強勁，大部分領先股的背後大都具有法人的支撐，而通常他們也是持股較多的一方。

操作面選擇個股思考原則

1. 股本小，10億以下籌碼較穩定。
2. 股價基期高低位置。
3. 是否有主力？是否有追價力？
4. 公司營收，獲利成長性要30%以上，要有基本面題材。
5. 公司產品的題材性，電視媒體曝光率高，產業訊息最好能常常上報。
6. 公司派大股東作多心態。
7. 融資浮額高低。

第九章
六種股票操作模式

　　股票操作根據每個人的資金規模、個性、工作性質、甚至年齡的不同……，有太多的因素會影響自己操作的策略與週期，天機圖操盤法對此設計出6種股票操作模式：

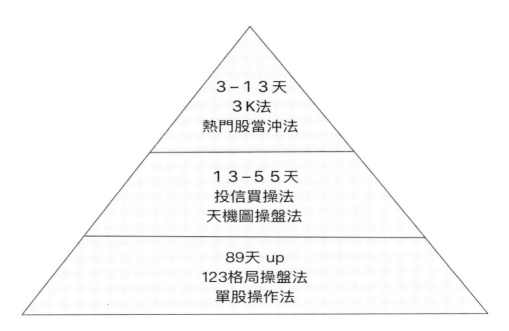

第一節　操作模式：
單股操作法、123格局操盤法

多頭市場：要長線持有股票，選擇基本面大成長，熱門產業面繁榮期個股，操作上以單股操作法、123格局操盤法爲主。

適合使用單股操作法、格局操盤法對象：長期持有投資人

操作週期：89天UP

單股操作法：

1.確認明後年業績成長有倍數（成長>30%）

2.確認技術分析四手紅盤主力股（非主力股）

3.題材豐富，每周上報

4.目標價設定，未達滿足點前，都可單股操作法

5.價值被低估的股票

買賣時機：

1.多頭市場以週K線操作，大波段操作，個股若跌破季線時退出。

2.單股操作法以產業面前景樂觀的成長股爲主，使用格局操盤與大盤技術線圖作兩圖比較與買賣，長期操作，即使在空頭市場賣出後，拉回幅度不管多深，一旦出現買進訊號，也必需買回持股。

3.可使用3K法跌破MA10賣出，站上MA20買回，無論多頭或是空頭市場，反覆操作，直到產業前景出現疑慮，或是公司失去競爭優勢，才停止操作；另外也可以使用格局操盤，格局1買進，格局A賣出，避開ABC法則的修正，重新走格局1再買回，這兩種方式都可行，就以每個人的操作習慣而定。

單股操作法

上圖：南電（8046）

　　當一檔股票由格局C以四手紅盤的姿態，轉換成格局1，通常市場對其上漲的原因，摸不清頭緒，查不出原因，技術面永遠領先基本面，股價不會無緣無故推升，推升的買盤一定掌握了某些資訊，當發現這樣的股票時，我們可在它拉回MA10買進，或是在多空比較3K法突破時進場，此後沿MA10操作，跌破MA10賣出，站上MA20買回，直到營收完全反應股價，當上漲的動能消失，才結束操作。

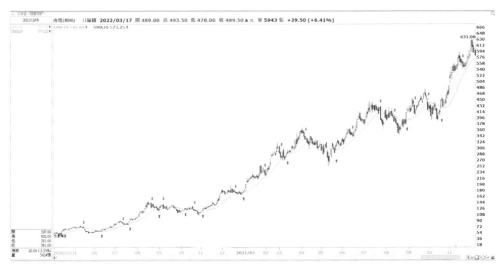

上圖：南電（8046）

　　由以上兩張圖，我們可看出一家公司產業前景看好時，是先由技術面發現，當產業前景看好，確認明年業績成長年增30％以上，搭配四手紅盤的確認，就可開始進行單股操作，跌破MA10賣出，站上MA20再買回持股，技術性操作，不預設任何立場，有時操作的時間，會長達2～3年，投資報酬率更是以倍數起算。

上圖：南電（8046）

　　單股操作法是長期操作，無論多頭市場或是空頭市場，只要買進的理由尚未消失，就必需持續操作，但因每個人的個性、立場不同，因此單股操作也可使用格局操盤，格局1買回，格局A賣出，避開ABC法則的修正，由上圖可發現同一檔股票，但是買賣的次數變少了，除了更方便管理持股之外，也可節省交易成本。

123格局操盤法

　　無論多強的市場，終有拉回修正的時候，當大盤拉回跌破月線走格局2，市場會有新的主流族群（主力股）竄起，領先大盤創新高，這些強勢族群，就是首選做多的標的，格局操盤法與單股操作不同之處，在於有些新主流的誕生，僅是炒作題材，並非有實質的營收撐腰，當手上持股走A法則時，就必需結束這段操作，將資金換到下一檔走123格局的股票，即使在空頭市場，也必需尋找多頭123格局的股票操作。

上圖：加權指數和智晶（5245）

　　大盤在2021年11月30日跌破月線，走格局2（走2換主流），但是同一天我們可以發現5245智晶逆勢上漲，領先大盤過前高，當發現這種強勢的標的，需查是否有族群性，如果有族群性，代表有題材，需積極、果斷出手做多該族群最強的領頭羊。

上圖：加權指數和智晶（5245）

　　由上圖可看出當大盤一止跌回穩，領先大盤創新高的智晶（5245）直接噴出，同時也帶動了元宇宙AR-HUD族群，同族群的英濟（3294）、怡利電（2497）、大眾控（3701）、萬旭（6134）共襄盛舉，這就是主流股的吸金能力。

第二節　操作模式：
投信買超法、天機圖操盤法

多頭市場：大盤走2法則時，可轉換到每個波段的主流股，可使用投信買超法、天機圖操盤法。

適合投信買超法、天機圖操盤法對象：大波段持有投資人

操作週期：13-55天

投信買賣選股法

現在資訊透明化，交易所每天都會公告投信、外資買賣超內容，稱為「合法明牌」，投資人的券商軟體也都有提供法人買賣超的資訊。

為什麼我們要持續追蹤投信的買賣超？因為投信基金大多堅信「基本面」選股，因此受到股民信任與捧場，今天買進的股票，明天上漲機率有70%，造成短線操作與當沖有機可趁，投信買超股票，明天週轉率都會飆高，投資人一窩蜂搶進，容易爆量上漲。

投信法人共同買一檔股票，叫做「認養」，基本面一定好，各基金為了季底作帳，會越買越多，A基金買500張，賺一支漲停，B基金不想認輸，就買1000張，只要再一支漲停，兩家績效就會一樣，如果再漲一支漲停，A基金就輸了，被迫還要再加碼，這就是作帳行情。

上圖：智原（3035）

　　投信每天買超的標的很多，我們最好選擇技術面剛突破，配合小股本，擁有題材以及投信才剛進場的標的，這樣的股票，往往可以吸引更多投信認養，同時擁有人氣，可以讓你賺取不錯的報酬。

上圖：富采（3714）

　　當投信加碼到一家公司股本的15%，大概就是上限，必須要注意，股價是否漲不動，如果股價開始下跌，就要小心投信是否賣超減碼。

　　當A基金賣超一檔股票，影響持有該股票的B基金績效下滑，A基金持續賣超該股票，造成B基金必須執行停損，B基金的賣超，又引發C基金的賣壓，投信連續性的賣超，稱之為「棄養」，在季底的時候，就是投信結帳，這是投資人必須瞭解的知識。

既然投信所買超的股票基本面那麼好，那當大盤走入空頭市場，此股票難道就不跌了嗎？

上圖：創惟（6104）

　　覆巢之下無完卵，空頭市場來臨，投信法人除了賣掉一些虧損的股票，同時也會將基本面好的股票，一起獲利了結，藉此平衡績效，因此在空頭市場，股票無論好壞，都會下跌。

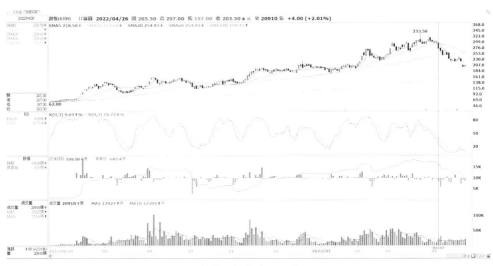

上圖：創惟（6104）

　　創惟（6104）基本面良好，產業前景成長性十足，因此獲得投信的認養與投資人的喜愛，但是當市場有FED升息、俄烏戰爭、新冠疫情……等利空影響，台北股市跌破年線，在有下探前低風險之際，哪怕創惟（6104）的基本面未曾改變，還是會遭受投信的調節。

　　在空頭市場不建議使用投信買超法，因為常常是一日行情，投信基金在空頭可減碼到5成，但是不可以超過三個月，必須回到最少7成持股，所以一到空頭市場會發現投信集體躲到避險股，如電信股，台塑三寶，金融龍頭股等，等空頭過去，就賣超這些股票，資金又重新回到成長題材股去。

上圖：中華電（2412）

由上圖可輕易發現，當大盤有拉回風險時，中華電的表現相對抗跌，但是等大盤又重回多頭趨勢，避險資金又會撤離中華電，重返成長題材股的懷抱。

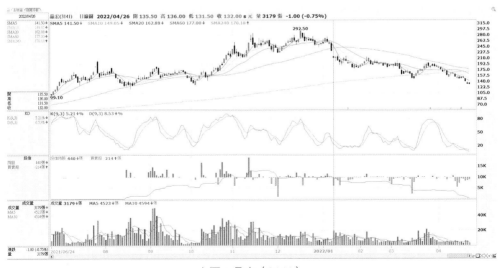

上圖：晶宏（3141）

在空頭市場不建議使用投信買超法，但是如果你是積極的投資人，你可以反向使用投信賣超法，找出被投信調節或棄養的股票放空。

天機圖操盤法

　　無論大盤在什麼樣的格局，總會有幾檔逆天的妖股，他們符合天機圖的飆股模式，甘氏角度坡度陡峭，KD多頭鈍化，這些妖股在當下大部分都沒營收撐腰（有些是營收還沒發酵，但是總會有人早知道），沒營收、乖離大……一堆奇怪的理由，自然會吸引空軍飛蛾撲火，成為多頭的燃料。

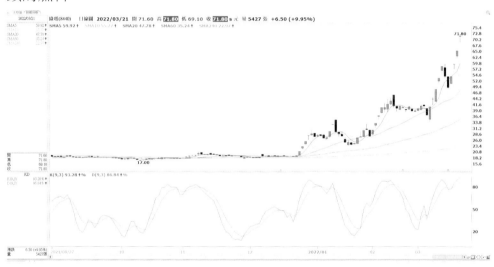

上圖：綠電（8440）

　　當一檔股票出現四手紅盤，哪怕營收虧損連連，就算你再不看好，即使你不做多，你也千萬不要在它轉弱之前放空，其實看到這樣的飆股，最好的方法是在它拉回MA10買進，或是在多空比較3K法突破時進場，此後沿MA10操作，3K法跌破MA10賣出，3K法站上MA20買回，操作這種妖股，要賺取較高報酬的祕訣就是不預設任何立場，按表操課，才不會賣在你覺得已經漲很高的起漲點。

第三節　操作模式：3K法、熱門股當沖法

3K法、熱門股當沖法無論市場多空，皆可操作

空頭市場：以順勢放空操作為主，短線反彈，使用3K法、熱門股當沖法為主。

適合3K法、熱門股當沖法對象：短線交易者

操作週期：3-13天

熱門股當沖法

每位投資人的交易風格不同，操作的資金部位大小，都會影響交易週期，操作資金部位較大的投資人，必須考慮商品胃納量的問題，如果進行短線交易，當然首選就是成交量大的熱門股，現在資訊發達，券商的看盤軟體可輕易找出熱門股，切記進行短線交易，一定要選擇波動大的熱門股，如果你選上了成交量大，但波動小的權值股（例如台積電），你應該很難佔到便宜。

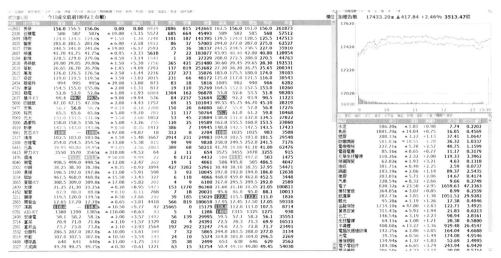

上圖：券商的看盤軟體都會提供成交量大的資訊

　　篩選出熱門股標的，再以分時走勢比較法（請詳閱第五章）找出比大盤強勢的股票做多，或是放空比大盤弱勢的股票。

　　市場上有錢的人很多，但更多的是資金相對有限的散戶，在條件並不富裕的情況之下，要迅速累積財富，許多人會選擇高週轉率的短線交易方式。

　　短線當沖（隔日沖）著重在市場的題材、追價力，由於持倉的時間很短，所以對於該股票的產業前景、基本面不必深入研究，避免走勢對自己不利時，不執行停損，催眠自己該股票的前景看好，可以長期投資，卻刻意忽略自己當初進場設定短線交易的策略。

　　短線交易首重技術分析，當一檔股票出現轉折，我們可以3K法突破來判斷，但是如果大盤同時也3K法突破，那麼出現3K法突破的個股，可能也有好幾百檔，那麼我們該如何快速尋找、判斷比大盤還強勢的股票呢？其實我們可以善用券商的看盤軟體的強勢股排行（漲幅排行），找出3K法突破+漲5%以上的股票短線操作。

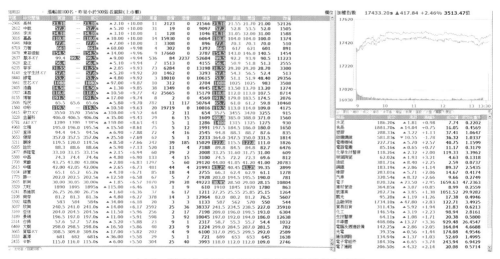

上圖：券商的看盤軟體提供的強勢股排行資訊

上圖：全宇生技-KY（4148）

　　當大盤3K法突破，那麼比大盤還強勢的股票，就是當天要漲停，而且要領先大盤創新高，或是波浪比較法比大盤強，同時也出現3K法突破+漲停板的個股，我們可在強勢股排行，尋找符合條件的標的，進行短線操作，有時候買到持續創高的飆股，操作的週期就會從短線延伸到長線。

　　高週轉率的短線交易方式，是可以迅速累積資產的方法之一，但由於短線交易報酬率不高，屬於積小勝爲大勝的策略，所以一定要拉高勝率，並且嚴格執行停損，因此選擇的標的爲3K法突破+漲5%以上的股票，進行當沖或隔日沖的短線操作。

3K法突破

　　不管是多頭還是空頭，都可使用3K法+上漲5%選股，那怕是空頭市場，每天還是會有10%股票是上漲的，差別是空頭市場時要走短線或是當沖。

1.10點前3K法突破+漲5%以上

2.第一支漲停，前一天量小

3.低基期

4.大於300張成交量

5.初期練習先買一張，熟練後買一個單位

上圖：良得電（2462）

　　通常一開盤，強勢股會立即表態，但在9：30分之前，大盤成交量大，大盤需要消化前一夜美股的利多（空）消息，個股也需消化前一天長紅（黑）的買賣力道，9：30分之前波動相對較大，上漲5%以上的股票很多，那該買進什麼股票呢？

　　此時我們可以在強勢股排行尋找3K法突破+漲5%以上的股票。

　　由上圖可輕易看出良得電（2462）一開盤上漲5%以上，同時日K也符合3K法突破的條件，一開盤就可積極試單，停損設開盤價，進退有據。

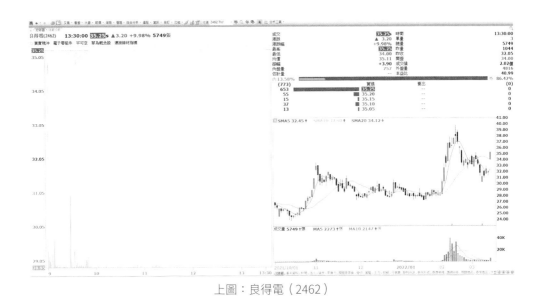

上圖：良得電（2462）

　　在大盤走多頭趨勢，強勢的股票，在開盤不久若不果斷出手，就很難買的到，良得電（2462）強勢表態漲停鎖死，買到如此強勢的股票，就可選擇隔日沖，若隔天依舊強勢，甚至可調整為短波段單。

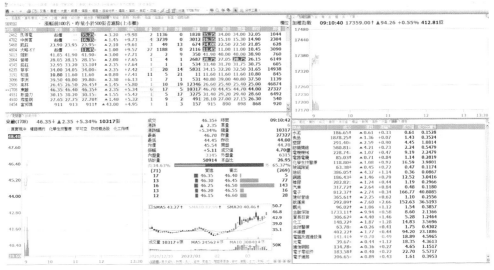

上圖：東鹼（1708）

　　東鹼（1708）在開盤時，同樣符合3K法突破+漲5%以上的條件，它就是可以選擇做多的標的。

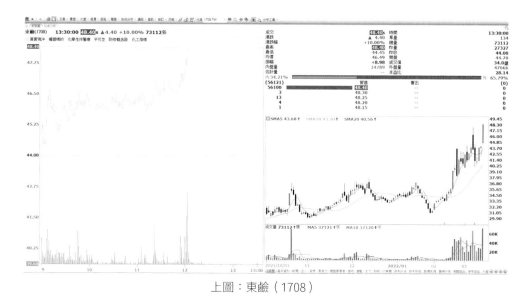

上圖：東鹼（1708）

　　東鹼（1708）成交量持續放大，但多頭仍維持強勢，中場過後強攻漲停，鎖到收盤，漲停的股票，就可選擇隔日沖。

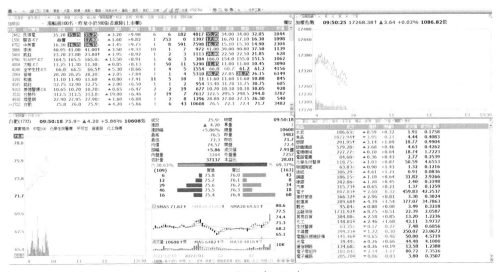

上圖：台肥（1722）

　　9：30分過後，相對剛開盤時，走勢會更明朗，有些投資人喜歡在9：30分過後再出手，這沒有對錯，純粹是個人的取捨，我們由上圖台肥（1722）的走勢，可以發現它不僅符合3K法突破+漲5％以上的條件，同時分時走勢比較法也比大盤強，大盤一波比一波低，台肥（1722）一波比一波高，就是一檔可做多的標的。

上圖：台肥（1722）

　　當台肥（1722）僅差一檔就能攻至漲停，但卻遲遲無法亮燈，時間越接近收盤，就越容易有當沖的賣壓出籠，此時可以留倉，當然也可以考慮見好就收，當沖出場。

上圖：興農（1712）

　　由上圖興農（1712）的走勢，就可發現它與台肥（1722）的走勢類似，當有族群的攻勢啟動，代表一定有題材醞釀，但是要買就必須買該族群最強的領頭羊，如果買不到最強的，退而求其次買第二強，其餘的相關個股，屬於弱勢被帶動，僅能做當沖。

上圖：興農（1712）

　　當發現上漲有族群性，興農（1712）的走勢明顯落後，不用等它拉回，就可直接當沖出場。

　　每位投資人的個性不同、環境不同、學經歷不同、資金不同，所選擇的操作方法自然不同，所造就的財富當然也不一樣。

　　6種操盤模式不分高下、對錯，只有適不適合你。

　　投資報酬率最高模式：單股操作法、123格局操盤法。

　　最安全的操作模式：投信買超法。

　　最快速累積財富的操作模式：3K法+5%、天機圖操盤法。

　　造量的操作模式：熱門股當沖法。

　　以上6種股票操作模式，選股方式不同，買賣時機不同，操作的週期也不一樣，問問自己，哪一種操盤模式最適合你？

　　小資族？上班族？職業投資人？證券營業員？家庭主婦？億萬富翁？退休老人？你是否發現，其實每個人選擇的立場都不一樣。

第十章
天機圖組合拳

　　多頭市場的特性是緩漲急跌，多頭漲的久，空頭跌的快，相信這是大部分的市場參與者都知道的事情，但是在操作上，大部分的投資人都只關注價格（空間）的波動，卻忽略了時間的變化……。

　　事實上股市的波浪起伏，全由空間、時間組合而成，空間切入的買賣方法有許多種，但時間的切入，惟有「耐性」，而「耐性」這也是贏家和輸家最大的分野。

　　贏家懂得等待對他有利的出手時機，當持倉部位朝自己預期方向走時，贏家也會有耐心抱著持股，讓獲利奔跑。

　　想在金融市場成為贏家，訓練耐性也是必要的修煉之一，但是你必需在等什麼？為何而等？

　　組合拳是什麼？每一種股票的操作方式，股性不同，操作方法也不一樣，不見得每一種股票的股性都適合你，你也不必勉強自己去操作跟你個性不合的股票。

組合拳的功用──解決任何時間上的買賣與選股問題

組合拳的結構──四大結構

組合拳應用

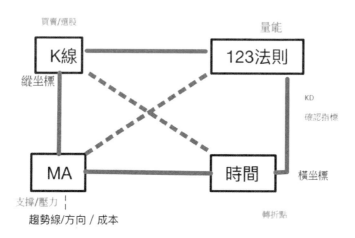

天機圖組合拳應用──組合拳的程序（SOP）

主要應用：K線+移動平均線+時間轉折+123法則

K線=轉折點

移動平均線=移動方向和成本

時間轉折=股價運動時間

123法則=目標位置

操作股票應用在波段操作：使用日K線小浪計算

1.長紅（黑）K線以及3K法突破（跌破）是轉折點。

無論是大盤或個股，走出一段趨勢後，都會陷入盤整，當盤勢要重新走出一個方向時，一定是多空任一方的力道，出現壓倒性的勝利，K線則以長紅（黑）表態，或以3K法突破（跌破）確認轉折。

2.首先判斷目前大盤的格局？以及判斷個股現階段的格局？

大盤格局決定交易的多空方向、資金投入比例；個股格局則影響進出場策略。

多頭市場不做空，空頭市場不做多，永遠跟市場同方向，順勢交易，趨勢是交易者最好的朋友。

3.規劃大盤日線每一波的時間轉折8與13天，波段H&L與日K線的高點與低點。

當大盤出現轉折時，會有5～8天的小行情，我們可藉由反彈天數，進行資金規劃，擬定個股進出場策略，行情若是拉長至13天以上，呈現多（空）頭鈍化，代表行情一面倒，趨勢短期不易改變。

4.KD是確認指標，功用在確認格局是否如預期。

K線是交易最真實的呈現，但有時只專注在K線的變化，會陷入技術盲區，透過KD確認，才能更清楚判斷該標的只是反彈？還是走回升行情。

5.每一波段選股=投信買超法+波浪比較法+格局比較法

當大盤拉回時，一旦出現轉折，就可積極進場，但問題來了，這個時候我們該如何選股，才能買進勝率較高，賺錢效率較快的股票呢？

答案就是使用投信買超法、波浪比較法、格局比較法進行選股。

組合拳口訣：K線找轉折，移動是方向
時間數饅頭，目標123

K線找轉折：K線長紅長黑，是123法則的轉折點

上圖：金麗科（3228）

3K法突破（跌破）是轉折，K線出現長紅（黑）也是轉折，當K線出現長紅（黑），此時就是明確的進出場訊號，要把握時機，不用再等待3K法突破（跌破）確認。

尤其是從跌停到漲停的長紅，更是多方強勢力道的展現，敢在絕對劣勢的情況下，積極出手，強力作多的人，絕非泛泛之輩。

移動是方向

1.K線跟MA關係

上圖：加權指數

　　許多人在交易時，是永遠的死多頭，只關心手上持股的漲跌，卻不在乎外在環境的變化，這是非常危險的投資行為，我們必需瞭解大盤格局，決定了交易的多空方向、以及資金投入比例，大盤出現轉折，就是我們的部位該做加減碼的時刻，至於應該如何調整，這是藝術，這沒有標準答案，每個人該根據自己的個性、年紀、資金大小、現金……等因素，擬定自己的部位伸縮策略。

2.3 K法漲停越強，MA5助漲力越大

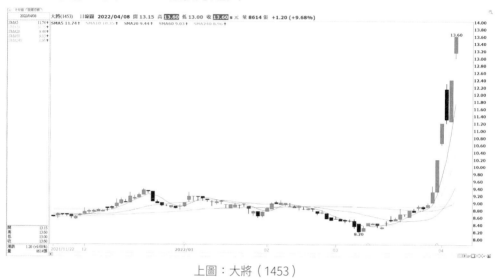

上圖：大將（1453）

　　3K法以漲停突破最強，若有連續追價力，則MA5助漲力越強，拉回MA5會有強勁支撐。

3K法跌破，會回測MA10、MA20

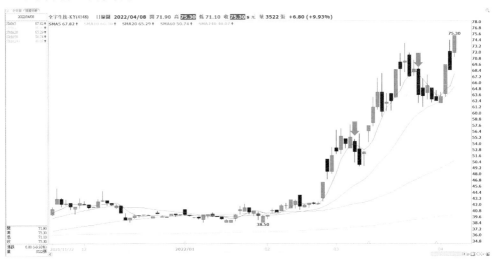

上圖：全宇生技（4148）

　　移動平均線向上，代表趨勢向上，站在多方，但無論再強勢的股票，也總會有漲多休息，拉回修正的時候，3K跌破就是短線的轉折，會回測MA10或MA20，當手上持股3K法跌破，是否要短賣一趟，每個人的立場不同，沒有對錯，但如果這是一檔強勢股，當它拉回MA10或MA20，就是一個不錯的上車機會。

時間數饅頭

K線跟時間關係

K線反應出價格成本，時間則代表機會成本，要掌握股票的起伏脈動，除了注意價格的漲跌之外，時間也是非常需要關注的焦點，除了上漲需要知道上漲的天數之外，下跌更是需要瞭解拉回整理的天數，尤其是一檔你想要趁拉回進場的股票，當你懂得數饅頭、算時間，你就不會在拉回的前兩天，急著進場，因爲等候，所以你能取得更好的價格優勢，才能有效提高投資效率。

避開操作K線小漲小跌的冷門股

K線小漲小跌就是KD多空循環（盤整盤），其實市場上有許多這樣的冷門股，其中不乏績優股，但無量就無價，證交所也有相關的造市制度，姑且不論造市制度是否能夠成功爲冷門股引進活水，但就以交易的角度而言，操作這種每天小漲小跌，沒什麼波動的股票，實在是浪費時間，也浪費了你的機會成本，當持股陷入這種格局時，必需趕緊退

出。

股票修正有修正空間和修正時間兩種模式。

　　一般投資人對於股票修正，往往注意的是價格（空間）的修正，而忽略了股票也會修正時間，何謂修正時間？就是以盤代跌，當K線在MA10以下超過13天後，會走時間波空頭，此時價格不見得會重挫，但整理的時間會變的很長，要避開操作走時間波空頭的股票，不過有些投資人會因某些股票過去曾有飆漲前科，當它走時間波空頭，還死抱活抱，因而錯過其他的投資機會。

3.KD鈍化就是主升段！抱緊K線沿MA5、MA10上漲超過13天的強勢股。

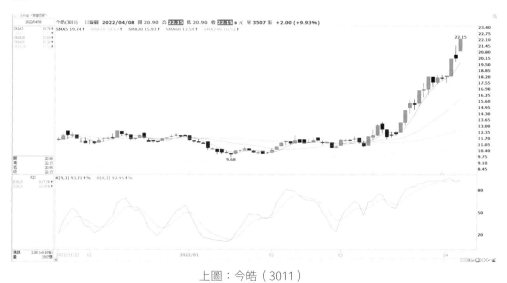

上圖：今皓（3011）

　　股票要連續漲超過13天不容易，K線能沿MA5、MA10上漲超過13天，必有主力大戶買進，KD會鈍化，鈍化的股票不僅漲空間、也漲時間，股價會有強勁支撐，形成易漲抗跌的強勢表現，當手上持股有此強勁表現，一定要把股票抱牢，不預設立場，操作這種強勢股，最怕的就是預設高點，尚未出現賣出訊號，就因自己覺得股價已漲很高，而賣出持股，等到它持續噴出，才又後悔不已。

4.永遠買進KD多頭循環與多頭鈍化的股票

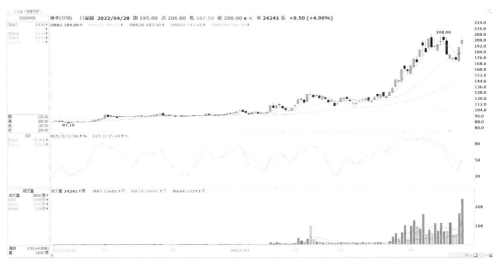

上圖：神準（3558）

　　操作股票就是要買強勢股，多頭鈍化的股票代表持續擁有推升的動能，當多頭鈍化的股票拉回修正時，就可以開始算時間、數饅頭，拉回5～8天，接近10日線時進場，但它拉回修正結束，再轉強時，KD自然多頭循環，股價能過前波高，因此買進KD多頭循環與多頭鈍化的股票，是最能創造波段行情的。

目標123

1.K線跟123法則關係
K線追價力+四手紅盤讓套牢的人解套

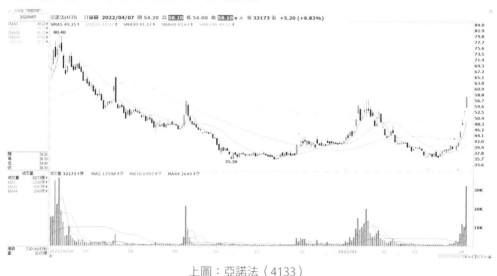

上圖：亞諾法（4133）

　　當K線圖左高右低，技術分析者一看就知道壓力重重，如果你是大戶，你願意拉起來讓前面的人解套嗎？由亞諾法（4133）的線型，可看出從格局C→格局1，必先歷經重重的套牢賣壓，但若是願意以追價力強的四手紅盤衝關，這樣的力量，散戶做不到，代表有特定的買盤佛心來的，願意籌碼全收，這樣的買盤通常擁有資訊優勢，才願意把股票拉起來讓前面套牢的人解套，發現這種股票，要勇敢進場，錯過起漲，就要趁拉回時，趕緊上車。

2.K線漲停+2法則

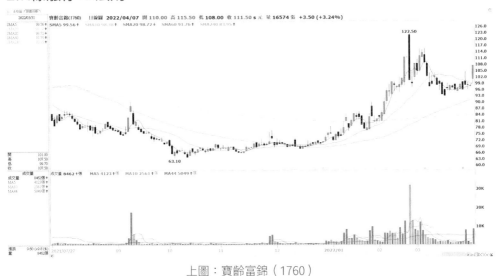

上圖：寶齡富錦（1760）

　　每一檔股票漲多了，總會拉回整理走格局2，但是修正結束，最棒的就是以漲停之姿重新站上月線最為強勢，這種極強勢的轉折K線，過前波高的機率非常的大，看到這種機會，要好好把握。

3.領先大盤過新高+3法則

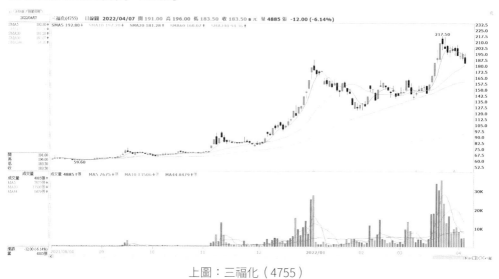

上圖：三福化（4755）

　　手上持股走3法則，同時又領先大盤過新高，這種股票要進行大波段操作，不猜測高點，不預設立場，技術性操作，會有非常好的績效。

4.K線漲幅越大，KD鈍化，123法則漲越高。

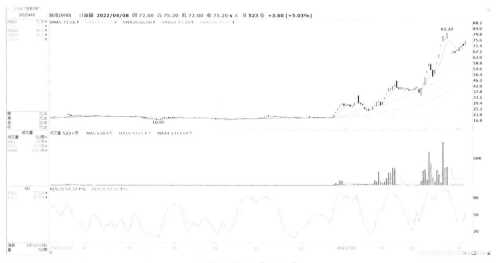

上圖：綠電（8440）

　　相同的123法則，不同的倍數績效，其關鍵在於每一檔股票走123法則，上漲的空間、時間，與它發動時，K線的漲幅，以及KD能否鈍化，有直接關係，當趨勢發動時，K線漲幅越大（四手紅盤更棒）、KD鈍化，未來走123法則漲越高，許多四手紅盤的強勢股，光是走1法則，就漲了一倍，那未來2法則修正後，再重新走3法則，你認為會漲多高呢？綠電從12月下旬到4月下旬，4個多月的時間，股價從18.9元漲到106.5元（漲勢尚在進行中）漲幅5倍多，這種股票可遇不可求，一年若能抓到一檔，那一年的績效就賺飽、賺滿了。

大盤攻防,格局變換之下的波段選股=投信買超法+波浪比較法+格局比較法

上圖:大盤和皇翔(2545)的雙圖比較

當大盤多空攻防戰,格局互換之際,會有新的主流(力)股竄起,那要如何買到,有機會成為未來的主流(力)股呢?就是使用投信買超法、波浪比較法、格局比較法來篩選出未來的潛力股。

由上圖可發現大盤在3月16號回測前低,打第二隻腳,但在同一天皇翔(2545)卻逆勢上漲,強攻漲停,這種無論是波浪比較法或是格局比較法,均比大盤還要強的股票,就是我們優先鎖定的標的,當然在大盤尚未止跌之際,保守投資人不宜貿然出手,但是當3月17日大盤3K法突破出現轉折,此時就可果斷出手買進先前鎖定的股票,這種領先大盤止跌的股票,一旦大盤回穩,就會向上噴出。

上圖：大盤和昇達科（3491）的雙圖比較

　　由上圖可發現大盤在3月16號回測前低，打第二隻腳，波浪比較法和大盤相似，格局比較法也和大盤相同格局，但若仔細觀察，相同的格局，大盤在年線以下，昇達科（3491）卻是在年線之上，一線之隔，強弱天差地遠，況且還有投信買盤進駐，這樣的條件符合格局比較法比大盤強+投信買超法，納入鎖定標的之一，3月17日大盤3K法突破出現轉折，積極出手，市場就會給你報酬。

上圖：大盤和美時（1795）的雙圖比較

　　由上圖可發現大盤在3月16號回測前低，打第二隻腳，美時（1795）無論是波浪比較法或是格局比較法，均比大盤還要強，甚至還有投信加入戰局，這種符合3種條件，高勝率的股票，當然就是大盤出現轉折時，可買進的標的之一。

123法則，優先買KD多頭鈍化+買在MA10+拉回10-15%

上圖：大盤和藥華藥（6446）的雙圖比較

　　大盤走123法則，優先買KD多頭鈍化的股票，多頭鈍化已經確立漲勢，可以漲最多、漲最久，擁有大波段行情，若沒在起漲時買進（3K法突破，領先大盤創新高時買進，除了選股能力，坦白說這也需要點運氣），那就必須在多空比較、拉回MA10、拉回10-15%時切入，絕對不要預設高點，KD多頭鈍化的股票，沒有人知道它可以漲到哪裡？

大盤2法則買領先過新高個股與主流族群，脫離成本後，可使用周K線操作，進行大波段操作。

上圖：大盤和辣椒（4946）的雙圖比較

　　大盤走2換主流，當大盤拉回修正時，市場資金會從原主流退出，流向新的主流股，新的主流股除了可用投信買超法、波浪比較法、格局比較法來篩選之外，也可再加一個條件：領先大盤創新高！

　　由上圖可發現大盤在拉回整理時，辣椒（4946）已經3K法突破，12月15號大盤止跌，辣椒領先大盤創新高，12月16號大盤出現轉折，它就展開了一波的漲勢，同時也帶動了遊戲族群的上漲（嚴格來說當時的題材是NFT），因此大盤格局2，首先要買的就是領先大盤過新高的個股和領先大盤過新高的主流族群。

大盤3法則買補漲股，低基期3K法突破+上漲5%以上的股票。

上圖：大盤和聯傑（3094）的雙圖比較

　　大盤過前高走3法則，漲高股會有主力逢高調節，當然也會有人獲利了結，於是開始出現賣壓，此時去追強勢股，風險就比較高，當然市場一些賣出漲高股的資金，會開始往風險較低、阻力最小的地方移動。

　　於是低基期的落後補漲股，就是不錯的選擇，此時買低基期3K法突破+上漲5%以上的補漲股最安全，但補漲股之所以會乏人問津，代表它的前景的確有疑慮，故操作補漲股，不宜長抱，要短進短出，有賺就跑。

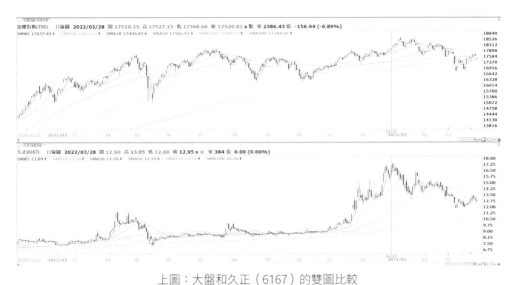

上圖：大盤和久正（6167）的雙圖比較

　　大盤過前波高走3法則，主力大戶容易趁大盤過前高，散戶充滿樂觀，沉浸在歡愉之際，調節漲高股，因此漲高股容易在大盤大漲時開高走低，這是需要特別留意的地方，同時也是爲何大盤走3法則，買低基期3K法突破+上漲5%以上的補漲股最安全的原因。

第十一章

天機十三劍與天機圖必殺五招

　　當您看到這裡，您已經瞭解天機圖的技術分析架構，當然要把所學有效運用在變化多端的股市，你需要一些時間內化，同時也需要大盤多空格局互換，您才能體悟出多頭與空頭市場的不同，真正地融會貫通。

　　在天機圖的的技術分析架構中，這13招如果你能融會貫通，就具備以盤解盤，可應付盤型變化的能力，而這13招中又以必殺5招最常應用，當然天機圖的必殺技，對於想快速累積第一桶金的投資朋友來說，無疑是最必需要學習，而且也必需練到爐火純青，一出現符合條件的標的，不需太多時間考慮，能直接憑藉本能反應，積極出手的程度，當達到那種境界，你將由小賺踏入大賺的門檻，但必殺技同時也是雙面刃，因為追求極致的動能，講求的是果斷，當你尚未體悟其中的奧義時，操作上可能較沒耐性，甚至後續也可能會發生過度交易的問題，當遭遇到以上問題，請再詳讀上一章的組合拳應用。

天機十三劍

1. 穩賺不賠公式＝股價站上季線+突破下降趨勢線+成交量大於
   mv44。
2. 3K買賣法（3K法可應用在日、週K線，波段操作，也可使用10分
   K線、60分K線進行短線操作）。
3. 四手紅盤、跳空法（起漲點）。
4. PT線使用目的：在確認轉折點，買到起漲的第一天。
5. 五雷轟頂，五瓣開花。
6. 多頭鈍化、多頭循環、甘氏角度線。

天機圖必殺五招

1. 穩賺不賠公式＝股價站上季線+突破下降趨勢線+成交量大於
   mv44。
2. 3K買賣法（3K法可應用在日、週K線，波段操作，也可使用10分
   K線、60分K線進行短線操作）。
3. 多頭鈍化、多頭循環、甘氏角度線。
4. 波浪比較法。
5. 投信買超法。

最狠一招──必殺技

1. 3K法+上漲5%以上。
2. 低位階。
3. 準備走123法則。

每個人的個性不同，要找出最適合自己的操盤情境

1.如何賺利潤最大？

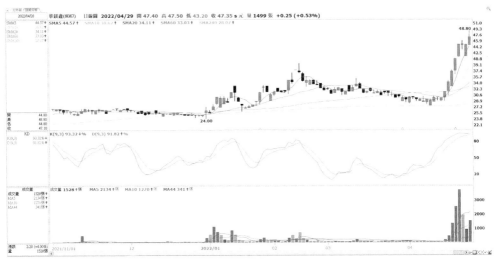

KD鈍化+3k法突破上圖：華鎂鑫（8087）

當一檔股票KD鈍化，代表後市還有行情，也許它的前一段漲勢你來不及上車，但在多空比較時3k法突破，就是非常好的切入時機，可讓你參與後續的行情。

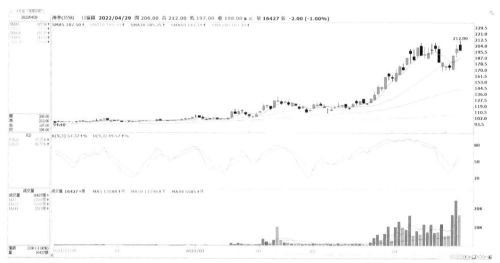

KD鈍化+3k法突破上圖：神準（3558）

當一檔股票KD鈍化後，開始進入多空比較的整理期，但有時會受到大盤的拖累而拉回，但在拉回後的3k法突破，也是非常好的上車時機。

2.怎樣買賣明天一定賺？

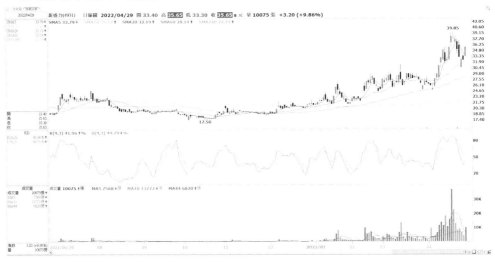

3k法突破+5%以上上圖：新盛力（4931）

　　在每日的強勢股漲幅排行中，找出3k法突破+5%以上低基期的多頭股票，追價力越強越好，無論該檔股票是剛要起漲？或僅是反彈？總之明天還有高點，可以明天的追價力來決定隔日沖？還是續抱？

3.如何當沖一定過？

分時比較法上圖：景碩（3189）

　　當沖需要特別留意的是該股票的波動率以及成交量，波動幅度不大以及成交量太小，都不建議進行當沖操作，當沖要選擇當下的熱門股，有人氣就是有價有量，可拿來作爲當沖標的，當大盤開盤後拉回，景碩（3189）也跟著拉回，隨後大盤反彈未過今高，景碩（3189）創今高表現比大盤強勢，拉回可找買點做多。

分時比較法上圖：創唯（6104）

　　當大盤開盤後拉回，創唯（6104）也跟著拉回，隨後大盤反彈雖未過今高，但創唯（6104）更是連彈都不彈，持續破前低，表現比大盤弱勢，可找反彈點做空。

分時比較法上圖：華新（1605）

　　當大盤開盤後拉回，華新（1605）也跟著拉回直接破了平盤價，表現比大盤弱勢隨後大盤反彈，此時可找華新（1605）反彈做空，當11點多大盤破前低，華新卻未創新低，此時空單可回補，若你未回補，那12：40反彈準備挑戰今高時，任何的拉回都必需回補空單，雖然它在尾盤有急殺，但在當沖的角度，如果是在早盤反彈時放空，就必需按表操課，遵守操作紀律，不能凹單，尤其是在時間、空間對你不利得情況之下，除非你是獲利，否則个要把戰線拉長到快收盤。

4.上班族如何賺波段？

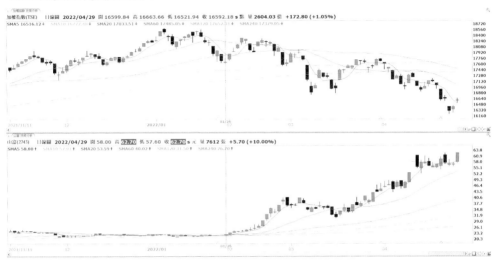

格局操作法+波段比較法上圖：山富（2743）

　　上班族無法盯盤，所以經常會錯過一些強勢股的買點，但也因為無法盯盤，所以在操作一檔股票時，反而不容易被洗掉，因為這樣的操作特性，所以非常適合等待大盤拉回時，再進場選擇格局操作法、波段比較法都比大盤強的個股操作，由上圖我們可看到1月26號大盤拉回破季線，雖收紅K，但尚未確認止跌，可是同一天山富（2743）領先大盤止跌轉強，無論是格局操作法、波段比較法均比大盤還強，上班族或是喜歡操作大波段的朋友，就可選擇符合條件的標的操作。

5.大資金如何操作股票？

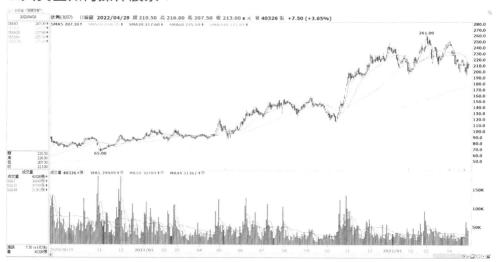

單股操作上圖：欣興（3037）

　　大資金的投資人考量胃納量的問題，不容易在量小的股票廝殺，必需另闢戰場，但若要穩健獲利，進行單股操作，是高勝率也是比較輕鬆的方式。

　　由於要進行較長時間的操作，因此必需確認明後年業績有倍數成長，高成長才有高本益比，確認技術分析是否四手紅盤，簡單來說確認是否有特定買盤？當發現這樣的股票時，我們可在它拉回MA10買進，或是在多空比較3K法突破時進場，另外當它價值被低估時，也是可勇敢出手作多的時候，股神巴菲特：「當好公司遇上壞事情，就是個好時機。」

　　此後沿MA10操作，跌破MA10賣出，站上MA20買回，直到營收完全反應股價，當上漲的動能消失，才結束操作。

6.如何控制風險？

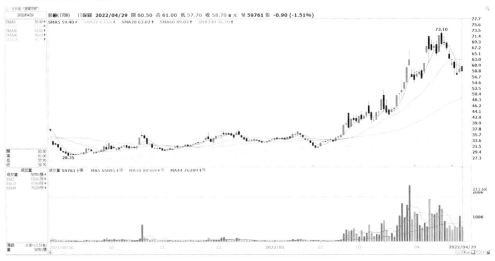

3k法跌破MA10上圖：東鹼（1708）

　　MA10是波段線，當個股跌破MA10，就會回測月線甚至季線，在剛跌破MA10，就是個明確的出場訊號，就算讓你賣在63.3元，都能讓你有效控制住回檔風險。

10分k-3k法跌破MA24上圖：東鹼（1708）

　　當大盤不穩的情況之下，可以個人的風險承受度，做出場節奏的調整，考量大盤處於下降趨勢，此時將出場的訊號調整為10分k-3k法跌破MA24，如此一來節奏較快，當跌破時賣出的價格為70.3元，出場價格比以日線做出場依據來的漂亮，但缺點是容易被洗出場。

60分k-3k法跌破MA24

上圖：東鹼（1708）

　　10分k的節奏較快，但不習慣快節奏，同時又希望賣出的時機可以比日線再快一點，將出場的訊號調整為60分k，3k法跌破MA24，就是比較折衷的出場依據，當它跌破時，賣出的最低價格為68元，出場價格也比以日線做出場依據來的漂亮，但比較不容易被洗出場，整體而言，想要使用哪種k線，除了看大盤位階，也得考慮自己的個性。

7.如何停利停損？

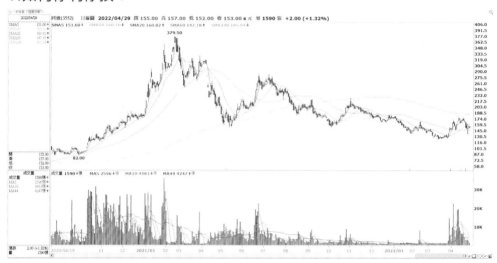

跌破季線+Hx0.7上圖：同致（3552）

　　許多投資人對於虧損的處理並不擅長，甚至從沒思考過虧損如何處理，面對虧損只是鴕鳥心態選擇逃避，祈禱有朝一日終能解套，如果存在這種思維，那麼股票市場不是你該來的地方，如果你還想待在市場，那麼你對停損的處理態度，就必需更積極一些，最起碼你要為自己設一道防火牆，季線就是多方最後的防線（自高點拉回跌破3成，也有相同的意義），代表它已經非常弱勢了，如果你還是獲利的狀態，恭喜你！見好就收吧！如果你已經虧損，不要氣餒，更不要不甘心，停損吧！相信不久的將來，你會感謝現在的自己。

第十二章

股市天機圖內功心法

　　技術分析股市交易中最重要的實戰經驗，整理出33條守則，一定要遵循，你越資深就越能感受每一條心法的威力。同時在甲骨文證券研究社（網站：www.oracle123w.tw），在網站裡的基礎課程中，有專題報告影音，來補充說明這些內功心法的觀念，思維與理論。

天機圖內功心法33條

1.股市兩國論

　　台股有兩個股票交易市場，一個是加權指數（台北股市），有1100多家中大型公司上市，是外資重倉，避險的市場，另一個是OTC櫃買指數，是由950多家小型公司所組成，當外資用力大買股票，天天買超百億元，就要知道加權指數是資金所在，漲中大型股，不漲小型股，當月的期指交易外資想必是要拉高結算。

　　若是外資小買小賣超，大盤指數橫盤整理，資金自然流向OTC櫃買指數，漲小型股，這就是股市兩國論，每一波段要注意資金流向，不然買錯市場，績效差很多。

　　外資來台灣投資股市，有不同型態基金，以套利為主最多，影響市場最為鉅大，因此外資的動向是投資人每天都要追蹤的。

　　但是為何每次大盤指數的高點都是外資買的，低點一定是外資賣的？答案就是兩國論，因為套利，期指壓低結算，外資賺的更多。

　　那我們還跟著外資買賣嗎？不，應該是跟著投信才對。

大盤的歷史高點18619點是外資買出來的，16764的低點也是外資砍出來的，外資的連續大買或大賣，都是爲了期指結算。其他的盤整時間，都是中小型股表現會比大盤強。

上圖：加權指數日線 2022年

2.股性

人有個性，股票也有自己的股性，要瞭解一檔股票的股性，必須長期觀察這支股票盤中的波動，作價模式，股本大小也會影響市場的參與者，另外每位主力拉抬習性也不一樣。

其實有很多股票是不適合當沖的，你必須學習看出是大牛股？還是大戶的主力股？這需要長時間觀察與注意，一支股票你觀察久了，他要發動上漲，量能需要多少，你一目了然，可在發動之際上車，有些股性不好、不活潑，有些則是量太小，有流動性問題，自然也不會是你的股池名單。

現在看盤軟體裡，都有自選股功能，設定自己喜愛的個股或是熱門股，設定一百檔股票，足夠看的。只要每週新增一些熱門股，刪掉一些冷門股就可以，專注在技術面強勢的多頭股。

3.倍數表

天機圖操盤，追求高勝率的績效，每年投入資金成長30%，隔年再投入再成長30%，以此累計，就形成倍數翻的績效，稱為倍數表。還有一種**倍數觀念**，是20元買進一檔股票，漲停板可賺2元，兩個月後漲到40元，漲了一倍，當他又漲停板時，可賺4元，等於你當時買進成本賺兩支漲停，若是再漲到80元時，等於你當時買進成本賺四支漲停，這真的很可怕，複利的力量，**關鍵點在於找對股票，長期持有。**

倍數表

時間	投資金額	報酬率	年終餘額
第一年	100萬	130%	130萬
第二年	130萬	130%	169萬
第三年	169萬	130%	220萬
第四年	220萬	130%	286萬
第五年	286萬	130%	372萬
第六年	372萬	130%	484萬
第七年	484萬	130%	629萬
第八年	629萬	130%	818萬
第九年	818萬	130%	1063萬
第十年	1063萬	130%	1382萬
第十一年	1382萬	130%	1797萬
第十二年	1797萬	130%	2336萬
第十三年	2336萬	130%	3037萬
第十四年	3037萬	130%	3948萬
第十五年	3948萬	130%	5132萬
第十六年	5132萬	130%	6672萬
第十七年	6672萬	130%	8674萬
第十八年	8674萬	130%	11276萬

4.停損執行力

曾經聽過朋友分享：「來股市是想改善生活，不是要改變生活。」

這一句話道盡了絕大多數股民的心聲，在股市先求生存再求生活，想辦法生存下去，不在市場畢業，最大的關鍵在於「停損」，許多人面對虧損，無法接受，會選擇逃避、凹單，的確有時候凹單可以讓你解套，但是如果改不掉凹單的習慣，我會勸你趕快離開股市，因為你不會永遠那麼幸運。

想在股市生存，你必須學會執行停損，實現虧損雖然並不舒服，但不用太在意，看錯就認錯，對市場認輸，這沒什麼大不了的。

怕輸、不認輸，你會輸更多！

只要手上的單子讓你睡不著覺，那就砍掉吧！

5.跟著指數走

大盤指數在多頭市場，個股再差，也能抗跌；大盤指數在空頭市場，個股再好，上漲空間也相對有限。

大盤走多頭，就順勢操作技術線型強、產業前景好、營收亮麗的股票，不需要花精神去放空弱勢股，相同的時間作多強勢股，肯定會比放空弱勢股還要來的有效率。

大盤走空頭，就順勢放空技術線型弱、產業前景有疑慮、營收衰退的股票，不要成為死多頭，只懂得做多股票。

市場要作多？還是作空？是在於追價力與追殺力的比較，換句話說就是做多好賺還是做空好賺？盤面自然會告訴我們答案，做多做空都有依據，而非只憑感覺、甚至被自己的情緒綁架，盲目地放空，而放空的理由竟然是它漲太高……。本益比太高、不合理……。如果因為這樣的觀念去放空，被軋空到股東會前或是除息前強制回補，都是很正常的，只要觀念不改變，在市場畢業也是遲早的。

　　跟著指數操作，就是跟著大盤的方向順勢操作，多頭做多，空頭放空。

作多賺得多，作空賺得快。

上圖：加權指數和綠電（8440）

　　由上圖我們可看出綠電（8440）2021年12月的股價19.25元，也許是營收不夠亮麗？也許是本益比太高？所以引來空軍弟兄放空，我們可以看到空單不斷被軋，不到四個月的時間，股價從19.25漲到82.2元（目前仍是進行式），漲幅超過4倍，如果不逆勢放空，不會慘賠，甚至如果轉念做多技術線型強勢的綠電（8440），還能大賺一筆。

6.波段操作重在題材豐富

波段長期操作的股票，它的上漲題材很重要，最好是公司相關報導能每周上報或是媒體電視爭相報導該產業，如新冠肺炎期間，防疫股天天上報，資金就能更聚集，漲幅就會很大。又如缺港、缺櫃的消息，每天出現在各大媒體，大家爭買船票，貨櫃、散裝來者不拒，人人搶當航海王。

等到有一天，大家都上船了，基本面的營收完全反應了，有人悄悄地下船了，慢慢的上漲的動能不再，因為該上船的都上船了，現在只有何時下船的問題，當下只要有利空的消息傳出，就會引發殺盤，造成人踩人的悲劇。

股價上漲原理很簡單，其實不是基本面多好，而是大漲後，大家手上都沒有股票，只能買進。每年的大飆股都是我們手中沒有的股票，只能買票上車，車子輕跑得快，等到利多見報，車上也擠滿了人，車子也跑不動了，就是該下車的時候了。所以**技術面永遠領先基本面**。

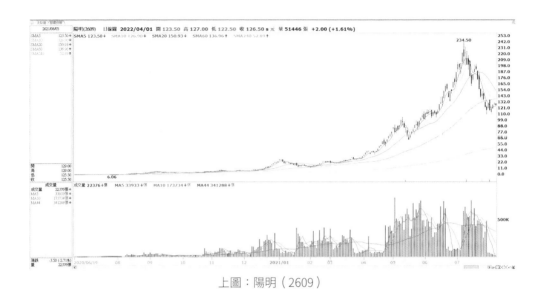

上圖：陽明（2609）

　　2020年8月10日陽明（2609）從低點6.45元強攻漲停7.1元，量能放大，開啟了這一段史詩級的航海之旅，11個月的時間漲幅將近36.5倍，這就是波段操作著重在題材豐富的主要原因。

7.拒絕未符合條件的旨令

　　這裡的條件，指的是技術面的條件，非基本面，有分析師常說股價跌到本益比10倍位置，就是買點，可是同樣本益比10倍的股票有2，3百檔，為何要買這一檔，天機圖的條件很簡單，技術面3K法突破，再加上當天漲幅大於5%，就可以買進，諸位可以試試，這個技術面的條件，勝率70%。

8.技術面領先基本面3-6個月

市場上永遠有人比你早知道，這些先知先覺擁有資訊優勢，他們可以領先佈局，有時緩慢吃貨，有時瘋狂掃貨，不過他們的行為會直接反應在量價上，技術面改變了，但是基本面……你還是查不出上漲原因，這就是為什麼技術面永遠領先基本面。

上圖：天鈺（4961）

天鈺（4961）在2020年11月25日從39.45元開始起漲的時候，市場對這一檔橫空出世的股票非常陌生，報章媒體、各大分析師都開始找它上漲的原因，一下子說因為APPLE改變營銷策略不再提供豆腐頭，所以營運項目有快充IC的天鈺（4961）受惠，但看天鈺（4961）持續上漲，可是快充IC的相關族群明顯掉隊，報章媒體、各大分析師開始改變說法，面板的行情怎樣……報價又如何……所以天鈺（4961）的驅動IC營收又將……，我們可以瞭解為何市場一直在找它上漲的原因，因為它技術面狂噴，可是營收沒跟上來，換句話說就是基本面沒什麼變化，所以也引來一些空軍弟兄放空（當然這些空單也被軋的很慘），從39.5元漲到了395元，不到5個月的時間，漲了10倍，此時營收總算出來了，每個月營收大增，無論是MOM或是YOY，表現可圈可點空軍恍然

大悟，基本分析者發現了它的價值，於是開始買進，可是此時股價卻開始滑落，許多投資人心裡一定很疑惑，為何手上的股票營收持續創高，但股價卻不斷地下跌？其實真正的原因就是技術面永遠領先基本面。

9.你在玩股票，還是股票在玩你，你也可以選擇觀望休息

你是否曾有相同的經驗，當你買進股票後就開始跌，你賣出股票後又漲回去，就像主力在你身旁安裝了監視器，完全掌握了你的動態，讓你一直不斷的追高殺低，其實這代表目前不是你的盤，你應該要觀望休息，沉澱後重新再來。每個人都會有低潮的時候，觀望休息也是一種策略，絕對不要像個情急的賭徒，為了回本，瘋狂下注，這種狀態的你，只會越輸越多。

10.你不一定要每天打仗，但要常常打勝仗。

無論你的每一筆交易週期多久，事實上每一次的交易，都是在交易機會，也在交易未來，想成為贏家要養成買賣記錄檢討的習慣，瞭解自己的勝率，清楚自己的賺賠比，經過一定時間的積累，你會知道自己的風格，也能掌握自己的好球帶，你不一定要每天交易，但是只要你出手，就務必讓自己在最熟悉、勝率最高的位置，敲出安打很好，擊出全壘打更棒，但是耐心等待好球帶是為了不被三振出局。

11.當沖的目的在避險，短線交易的目的在costdown降低成本

操作股票要賺得多，其實還是要大波段抱牢持有，才能體會趨勢的力量，享受倍數的成長，但是股票不會天天漲，有時漲多了，短線可以賣一趟，拉回再行買回，高出低進可降低成本，若是你工作忙碌，甚至可以連短線價差也不要作，設好停利點，一路抱到底。

當沖也是如此，買進當天若是遇見殺盤，可在盤中先當沖掉，待拉回可買更低價位，一方面避險，一方面降低成本，這才是當沖的目的。

但目前在許多的社群網站提倡的「無本當沖」，給了一些股市新手錯誤的觀念，當沖是額度交易，所謂的無本其實只是在當天當沖就不用交割款的概念，但前提是你必需沖的掉，如果當天你放空被軋漲停鎖死，來不及回補，又或是低接做多被鎖跌停，此時的當沖不但不是無本，而且你還必需付出更大的成本，2021年許多在航運廝殺的衝浪客，就因做錯了方向，而違約交割。

無可否認「當沖」的額度交易規則，的確提供了資本不大投資人的致富機會，同時市場上也確實有許多靠著當沖、極短線交易起家的高手，不過這些贏家畢竟是少數，絕大多數的當沖客，並沒有意識到自己在這群贏家的面前，根本沒有任何優勢，他們只看到了當沖的甜美糖衣，卻忽略糖衣包覆的可能是毒藥。

12.作多的基礎在追價力

股票的交易方式有很多，但嚴格細分的話，其實就是買突破、買拉回兩種，這兩種背後蘊含的交易智慧不一樣，它沒有對錯，只是選擇不同，天機圖選擇買突破，為什麼呢？做多的基礎在追價力，當一檔股票有推升的動能出來，代表買盤積極，有特定人士進場，如果有連續追價力的股票，那將會是當下最強勢的股票，它會吸引市場的目光，與更多的買盤進駐，操作有追價力的股票，最有效率。當然追高還是會有風險，不過只要能控制好停損就可以進場。（拉回買難道就沒有風險嗎？）追價力是一種慣性，因為有特定人在裡面，當大盤重挫時，特定人持股太多，會特別照顧它，這些股票反而抗跌，相對安全，完全顛覆了一些投資人的想法。

有一派人士，喜歡買跌深的股票，鼓勵逢低佈局，不追價任何股票，去買一些低本益比，盤整沒量的股票，但你會發現大盤漲，這些低本益比的股票小漲，大盤盤整，這些股票跌回來，繼續盤整，這是在消耗時間成本。

我覺得任何交易都必需考慮時間成本與機會成本，但是往往操作低本益比股票的投資人，他們想要買的安全，他們想要取得價格優勢，但是，他們卻額外付出昂貴的時間成本與機會成本。

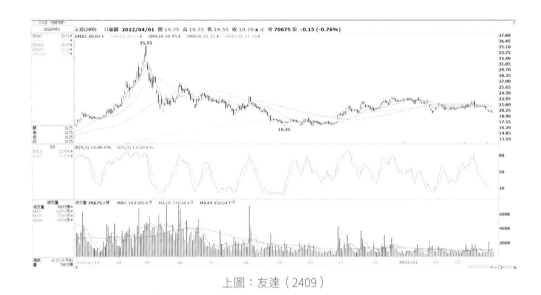

上圖：友達（2409）

　　友達（2409）是2021年分析師常推薦的一檔股票，基本面 EPS=6.44元股價19.7元，本益比3.05倍，價值被低估，操作低本益比的股票，真的安全嗎？

　　為何有些股票的本益比那麼的低？

　　為何相同的市場，有些股票本益比卻那麼的高？

　　這究竟是市場錯了？還是人錯了呢？

13.四隻動物──人格特質

鷹──銳利的眼光，研究基本分析、產業分析，懂得找主流股的方法。

豹──大無畏的精神，敢重押，快，狠，準，搶時間。

駱駝──耐心、恆心和毅力，長抱的好處。

小孩──最成功的操作人生，得失總在三分鐘。

你的個性是屬於哪一隻動物？

(1)你在選股時要有鷹的眼光。

　　基本面、產業面強的人，很會找股票，但是目標太多，持股會過雜。

　　必需以技術分析為主，產業分析為輔，精簡持股。

(2)你在底部進場時要有豹的勇敢，快，狠，準，敢重押。

　　年輕人小資族要學習，看對、看準就重押，設好停損就好。

(3)你在底部進場時要有駱駝耐心，毅力，長抱到停利點出現。

　　每天看盤的人，要學駱駝精神長抱是很難做到的，真正的大贏家都是抱出來的。

(4)你在停損時要學小孩的得失心，輸贏哭笑總在三分鐘。

　　賺賠是交易的常態，以平常心面對每一筆的交易，是知易行難，要達到那樣的修養，除了需要時間焠練，也需要誠實地檢討每一筆交易，專注在賠錢的原因，而不是賠掉的錢，讓自己的虧損，賠的有價值。

　　大多數的交易者都具有上述動物特質，只是偏重在哪一部分，如何調適是一門學問，每個人的功課不同，面臨的挑戰也就不一樣。

14.不要當散戶

沒錯，我們都是散戶，但是我們要買大戶的股票，因為主力大戶的錢多，人脈也比較廣，他們擁有一般散戶無法接觸到的資訊優勢，大戶操作的格局、高度，也是散戶難以企及，所幸我們可以透過技術分析，也可以透過籌碼分析，瞭解、追蹤大戶（法人）動向，提高自己的勝率，跟大戶（法人）站在同一邊。

15.工欲善其事，必先利其器

現在資訊發達，使用手機就能看到報價，如果你是因為人在外面無法看盤，用手機看報價，那就另當別論，但如果你是真的只靠手機交易，甚至做當沖……。

那麼你就太小看你的競爭對手，現在的專職交易者，電腦一機四螢幕，有些雙機八螢幕，連換頁都不用，期、現貨同步監控，資金流向一目了然於心，面對這樣的對手，僅使用手機看報價，怎麼可能有優勢呢？

股市從某個角度來看，它是公平的，它不分年齡、不看學歷，股市沒有專家，只有贏家和輸家。

天下沒有不勞而獲的事，想成為贏家，一定要投資自己的腦袋，有空就上網學習產業趨勢，增加新知識，甚至花錢買報告，都是可行的，畢竟時間也是成本，有些訊息也有時效性，股票交易是知識經濟，隨時在變，想維持自己的競爭力，持續進步、不斷更新。

16.三顆子彈

　　許多投資人受到報章媒體的影響，當然有些則是受到了投信引用股市名言：「不要把雞蛋放在同一個籃子裡。」的心理暗示，所以在投資策略上，會不自覺地「分散風險」。

　　對於「分散風險」，股神巴菲特有著另外一種看法，巴菲特曾言：「如果你知道自己在做什麼？那麼分散風險就沒有那個必要。」換句話說分散風險其實就是在分散無知，那在天機圖的投資策略上，我們採用資金三分法，如果你投入股市資金沒超過千萬的話，建議你持股三檔股票就好，最多也不要超過五檔，分散風險其實就是在分散利潤，你可以思考3～5檔的股票，同時漲停的機會大？還是10～20檔的股票，同時漲停的機會大？集中投資才能創造最佳的投資效率。

　　另外，指數的位階會影響投入的資金比重，大盤指數在低檔，資金與持股就要越大，因為時間與空間對你有利，大盤指數在高檔，資金與持股就要越小，你必需瞭解，避開風險最好的方法就是降低持股比重。

17.3D操作法

　　指的是股價、時間，和自己的資金投入比重，想要大賺就要重押，股價上漲和耐心持有這三樣，缺一不可。請你拿出三個月前的對帳單，打開電腦，查看過去每一筆交易，再看看現在的股價，檢討一下自己買賣與賺賠是如何處理，修正過後你的操盤功力一定會大大提升。

18.不要用分析的角度操盤，要以操盤的角度分析，不要預設立場

　　每一天交易者都應該做功課，瞭解國際股市的動向、政經政策的調整、產業訊息的更新、資金流向以及持股籌碼的異動，交易者必需解讀這些資訊，去分析規劃未來大盤可能出現的走勢，當盤勢與預期相同，按照計畫進行，但盤勢與預測不一樣時，市場永遠是對的，需立即調整腳步，不堅持己見，以大盤爲師，按照盤面透露出的訊息操盤。

19.你追不追漲停

　　作多的基礎在追價力，當天最強的追價力是漲停板，如果是連續漲停，可能還買不到，當股價乖離大，漲停打開後，要分批進場，特別是底部起漲時，要勇敢追價，事實上很多投資人不敢追漲停，擔心追高，結果數個月過後，股價漲了一倍又一倍，才扼腕不已。以天機圖的角度來看，現在雖然漲很高，但長線還是底部區。若是想賺飆股，就要「敢」去追漲停。

買到漲停板，明天還有高點的機率是70%，
不要以爲他很危險，只是你不習慣而已

20.股票不分好壞，只分前後

　　股票會輪漲，大盤多頭起漲時，聰明的資金會流向成長性強，股價被低估的股票，等到這些股票漲幅大了，該上車的人都上車了，賣壓越來越重，資金就會流往風險低、還沒被炒作的冷門股去，稱爲補漲股。所以股票不分好壞，只分前後上漲的時間差別而已。

21.富人的單股操作

有錢人操作股票，往往集中火力，僅持有一兩檔，如何從底部區持有到高檔區，這不僅需要耐心，同時也是對自己和該持股信心的展現，這種通往財富的操作行為，不是那麼容易。

多數人的問題是選對了股票，卻不敢重押，一旦重押，就抱不住，經常換股。

當你對自己的選股，越來越有自信，同時又敢重押單股，你的心理素質已晉升至贏家行列，成為富人也是遲早的事。

22.買慣性和速度，而不是股名

操作股票，交易的是機會，買的是它上漲的慣性以及推升的速度，而不是買它的知名度。

很多人習慣去買高知名度的公司股票，因為這會讓自己感到熟悉、安心，但是自己真的對於該公司的產業前景瞭解嗎？其實也不一定，很多時候捫心自問，除了股名其實你對公司也不瞭解。

相反地對於自己陌生的公司股票，本能上就有所抗拒，沒有安全感……。

請仔細回想，台北股市每一年的大飆股，在它剛起漲的時候，有哪一檔是大家耳熟能詳，名件經傳的股票呢。

要創造高績效的報酬，不是去買自己熟悉的公司，而是要去買有追價力的股票，再來研究這家公司。

23.只要能避開風險，就一定能創造獲利

在股市的每一個投資人都知道想成為贏家，就是要找出大賺小賠的交易策略，但要「小賠」，首先你就要有避開風險的能力，但誰能知道風險何時會來呢？

你不需要有精準預測大盤走勢的能力，只要你能管的住自己，能遵守自己的操作紀律。

在操作不順的時候，降低持股比重。

在過去有效的方法突然失靈的時候，降低持股比重。

在看不懂盤勢的時候，降低持股比重。

在進行每一筆交易之前，都會考慮到風險，你就能避開風險，你就能活下去，只要能活下去，你就一定能等到行情。

說來矛盾，長期投資的人，不需要每天看盤，所以不會被短線的波動，清洗出場，但也因為不看盤，當大盤由多翻空時，無法避開風險，等到發現股價有異狀，已經跌了一大段，大波段操作的確是很好的交易策略，但無腦式的長期投資，就不是一個好的交易策略，因為今年的成長股未必是明年的成長股，況且股市漲高時，總會來個大修正，放太長抱上又抱下，績效反而不好。

投資還是需要管理的，需要部位的伸縮，需要進出場的策略，而非無腦式的做多。

24.只要方法正確，遲早都會成功

天機圖操盤法是一套有系統的學習方法，它可以打通你的股票操作任督二脈，如果你能融會貫通，你就能在天機圖操盤法的架構之下，建立屬於自己個性的交易模式，我相信成功對你而言，指日可待。

25.要在熱門股中討飯吃，不要在冷門股中睡大覺

操作冷門股雖然買的成本會比較低，可是浪費時間成本與機會成本，操作股票是時機錢，過了這個時間，再來買就錯了。

26.技術面被破壞，再好的基本面也只是麻醉藥

技術面走空，代表上檔賣壓沉重，套牢者越來越多，如果深信基本面好而持有不賣，只會越套越深，無法改變股價越走越低的事實。

其實基本面是自己的認定與解讀，不代表其他的人想法都一樣，如果基本面真的那麼好，那是誰在供應籌碼呢？

當技術面被破壞，你是相信技術面？還是相信基本面呢？

27.忽視整體股市狀況，只著眼於單一股票

散戶很習慣只看自己的股票，不看大盤走勢，與類股族群漲跌狀況等等訊息，與其說這是看盤，倒不如說是在看庫存股的報價，這樣的看盤方式不夠全面，一旦情勢有變，大盤走入空頭，即使你的股票還是很強勢，但是這能撐多久？

覆巢之下無完卵，小心補跌！

28.持股太雜，必輸無疑

統計結果發現持股超過8檔以上的人，70%都是輸家。

研究指出持股多的人，有一半持股都是套牢，再買其他的股票來攤平，結果是越攤越貧。

為什麼許多投資人都有持股檔數過多的問題？

因為他們想要分散風險。

因為他們對自己的選股沒信心，透過買多一點檔數，來提高上漲機率，姑且不論其方法是否盡如人意。

我只想問：當大盤重挫時，過多檔數的持股，該怎麼賣呢？

29.長短不分，白忙一場

操作上抱股長線或是短線，哪一個賺的多，這是很難論定的，基本上大盤指數在高檔，短線為宜，大盤指數在低檔，一定要長抱。

30.買賣對作理論，買低賣高

股價在漲時，站在賣方，因為成交量放大，很容易賣的。

股價在跌時，站在買方，因為可以買到低的價位。

強勢股可以在分時線走弱時買進，弱勢股可以在分時線反彈時賣出。

強勢股拉回到10日線，月線買進，弱勢股反彈賣出。

31.趨勢不容易改變，一旦改變，短期不容易再改變

趨勢不容易改變，多頭市場不會因為幾天的下跌，就馬上轉向變成空頭市場。

空頭市場也不會因為幾天的反彈，就馬上轉變為多頭市場。

趨勢的力量，不容小看，有時一波多頭行情長達數年，所以操作股票不要預設立場，大行情來時不可提早下車，以免錯失機會。

32.賺錢才加碼，賠錢不攤平

所有的交易策略，只有在你看對方向，在符合你預期的時候，才能加碼。

那什麼時候才能證明自己看對方向呢？

當你手上的單子開始賺錢的時候，才可以進行加碼。

當你手上的單子不如預期，開始賠錢，代表你看錯了方向，既然已知道自己做錯了，那該做的應該是認錯、停損出場，而不是一錯再錯，進場攤平。

33.山頂上玩有誰能贏，底部進場不贏也難

這是一位分析師的名言，很有道理。

重點在於底部區重押，長抱。

高檔區降低持股，短線進出。

積極者可等待大盤反轉，反向融券放空。

第十三章

打造屬於自己的交易系統

在金融市場無論你是投資？或是投機？

不管你是價值投資？還是價差交易？

其實到最後，也不過就是選擇標的→進場→出場。

選股方向其實是每個人的操作信仰，沒有對錯，只有適不適合自己。

進場時機也因每個人的操作個性而異，筆者覺得只要自己覺得舒服自在，符合自己個性，順勢交易也好，逆勢交易也罷，把它練到極致，當對自己有利的交易機會出現時，能果斷出手，那才是最重要的。

出場時機是筆者覺得最不容易修練，也是在股市最容易讓人產生遺憾的地方。

出場代表這筆交易結束，不是停利？就是停損？

這一筆交易賺錢獲利，你一定會開心嗎？

當你做多出場，結束交易，而它卻持續噴出，但你又不敢買回來，看著它扶搖而上，你會開心嗎？

當你想吃魚身，魚尾留給別人吃，結果事後證明魚尾比魚身大，你還會開心嗎？

看到這樣的結果，開心是不可能的，傷心倒也不至於，但遺憾應該在所難免，如果魚尾夠大的話。

這一筆交易虧損，你一定會難過嗎？

當你做多出場，結束交易，而它持續下跌，甚至下跌力道加速，卽使這筆單子虧損，你還會難過嗎？

你的內心可能還是會因虧損而難過，但起碼會因減少了虧損，而獲得某種程度的欣慰。

其實容易受到未實現損益影響，而動搖交易決策的人，那是因爲還停留在憑感覺交易的階段，尚未建立屬於自己個性的交易系統，否則就是對自己的交易系統還沒有信心。（我不否認有許多贏家，他們擁有豐富交易經驗所積累的盤感，非常敏銳、受用，但那畢竟是少數，大多數人的感覺，都是被市場的情緒所牽引）

每一個交易者都一定會有情緒，有自己的心魔，但是要成爲一位優秀的操盤手，就不該經常被已實現損益或是未實現的損益影響情緒，你該關注的是自己是否能遵守操作紀律？是否根據自己的操作系統進出場？

每一個人都想成爲贏家，每個人都在尋找交易的聖杯。

大家都在尋找交易的技巧，但是只有贏家知道，交易的方法很重要，交易的心法更重要！瞭解自己，爲自己打造屬於自己的交易系統才是首要之務。

每個市場參與者都知道只要長期能「大賺小賠」就能成爲贏家！

但是要「大賺」那得看有沒有行情？

以及老天爺願不願意賞飯吃？

相形之下「小賠」，似乎就比較容易掌握，在沒發生流動性風險的情況下，虧損的幅度是完全可以由自己控制的。

就像籃球比賽一樣……。

曾有記者在賽後訪問籃球之神喬丹……

記者：請問在比賽當中，狀況不好時，您是如何調整自身狀況？

喬丹：進攻的手感會失常，但是防守不會，狀況不對的時候，就把防守做好，自然就會找回攻擊節奏。

在股票市場的防守就是控制虧損（包括降低持股比重），攻擊的節奏不對，你可以把責任推給市場，安慰自己說沒行情，但做不好防守，那你還能怪誰呢？

然而當股價走勢不如預期時，你會如何處理？

贏家會迅速擺脫對他不利的局勢，再尋找對他有利的交易機會，重新進場。

但輸家怕賠，害怕作停損決定，所以大都選擇「觀望」，但不做決定其實就是做了逃避的決定。

輸家無法體會「怕賠的人，會賠更多」。

在股票市場，虧損是必經之路，如何處理虧損，將決定你在交易這條路的未來。

打造屬於自己交易系統的第一步～不執著

能賺多少？由天作主！可賠多少，由你決定。

當股價走勢不如預期時……。

當進場的理由消失時……。

當你看不懂時……。

當你感到疑惑的時候……。

拋棄不必要的尊嚴吧！

承認錯誤，承認自己如果不是看法錯誤，就是進場時機不對，總之

當損益告訴你做錯時，你該做的不是檢討原因，而是立即停損出場，避免虧損繼續擴大，一錯再錯……。

　　輸家對於虧損通常選擇逃避，輸家只有在面對虧損的單子時，才能夠長抱，展現出堅毅不屈的韌性。

　　過去我也曾捨不得停損而凹單，但隨著虧損持續擴大，自己的情緒也越來越不穩定，懊悔、不安、早知道就……等等的負面情緒接踵而至，雖然不甘心，但後續忍痛停損出場，心裡竟鬆了一口氣，彷彿得到了解脫。

　　事後深深反省這筆交易，我終於瞭解砍不下手的真正原因，其實是虧損的金額已經讓自己沒有信心賺回來，一旦執行停損，等於實現虧損……。

　　經過那一次交易，我深深體會，失去信心比失去金錢還可怕。

　　你不能輸了錢，還賠了交易信心。

打造屬於自己交易系統的第二步～不恐懼

當股價走勢如你預期時，拋棄不必要的恐懼。

　　放大你的格局，只要守好你的停利點，別疑神疑鬼，不必擔心你無法賣在最高點，因為你本來就不可能賣在最高點，追求賣在最高，自責沒有賣在最高，那都是沒有意義的事。

　　你也不用擔心利潤的波動，拿一部分的利潤，去賭後面更大的行情，非常值得。拿到好牌，守好停利點，然後讓獲利自己奔跑，面對利潤回測，仍能沈著、冷靜，這才是贏家必備的氣魄。

贏家對於已經獲利的單子，有勇氣面對獲利的回測，也有耐性等待獲利放大。

輸家無法忍受獲利回吐，滿手套牢股票的交易經驗，讓他們特別害怕由盈轉虧，因此養成有賺就跑，解套就跑的交易習慣。

打造屬於自己交易系統的第三步～不任性

股市變化莫測，盤勢隨時在變，贏家也會根據當時盤型，調整自己出手的節奏與操作策略。

從來沒有一套進攻方法，可以完全適用於任何盤勢，當過去擅長的手法，突然不靈光了，面對連續的虧損，容易引發不平、好勝以及想要打回虧損的情緒，這樣的狀態，不是贏家的狀態，這樣急著想要扳回一城的你，不會贏！

你不能輸了錢，還賠了交易信心。

面對連續的虧損，你該告訴自己：這樣的盤型，終於來了。

為了讓之前的虧損，變得更有價值，你可以選擇休息、觀望，休息也是一種策略，恢復冷靜後，縮小部位，等待有利於己的交易機會，再出手為自己討回公道。

反敗為勝，不必急於一時！慢就是快！

你不能輸了錢，還影響了自己的交易節奏。

打造屬於自己交易系統的第四步～不自滿

除非到離開股市那一天，否則沒人知道自己退出股市的背影，是華麗的轉身！

還是落寞的歸去……。

　　世界在變，市場也一直在變，只要遊戲規則稍微調整，操作策略就可能需要修正，想要持續贏，那就必須不斷的努力，以大盤爲師，想辦法讓自己跟上市場變動的節奏。

　　但無論如何厲害，在市場的面前，自己是永遠渺小的存在，因爲不知市場何時翻臉，所以永遠要做好風險管理，千萬不要因爲運氣不錯，就all in甚至再加開槓桿，只爲求一把好牌翻身，贏家追求的是能活下去！能穩定獲利！持續獲利！

　　最後我們的甲骨文證券研究社有許多視頻教學，可以讓投資人在短期內提升自己的技術分析能力，少走幾年的冤枉路，歡迎投資人加入社團，也歡迎來電討論股票問題。

甲骨文證券研究社　網站：www.oracle123w.tw

股市天機圖教育推廣課程：余森山老師、林英豪老師
E-MAIL：oracle123w@yahoo.com.tw
邀約演講、課程及合作提案請洽徐碧蓮小姐
TEL：0911741477
Line ID：911741477

國家圖書館出版品預行編目資料

股市天機圖操盤法2.0／林英豪 著. --初版.--臺中
市：白象文化事業有限公司，2022.11
　　面；　公分.
ISBN 978-626-7189-15-3（平裝）
1.CST:股票投資 2.CST:投資技術 3.CST:投資分析
563.53　　　　　　　　　　　　　　111013002

股市天機圖操盤法2.0

作　　者	林英豪
校　　對	林英豪、徐碧蓮
發 行 人	張輝潭
出版發行	白象文化事業有限公司
	412台中市大里區科技路1號8樓之2（台中軟體園區）
	出版專線：（04）2496-5995　　傳真：（04）2496-9901
	401台中市東區和平街228巷44號（經銷部）
	購書專線：（04）2220-8589　　傳真：（04）2220-8505
專案主編	陳逸儒
出版編印	林榮威、陳逸儒、黃麗穎、水邊、陳婷婷、李婕
設計創意	張禮南、何佳諳
經紀企劃	張輝潭、徐錦淳、廖書湘
經銷推廣	李莉吟、莊博亞、劉育姍、林政泓
行銷宣傳	黃姿虹、沈若瑜
營運管理	林金郎、曾千熏
印　　刷	基盛印刷工場
初版一刷	2022年11月
定　　價	400元

白象文化　印書小舖　出版 · 經銷 · 宣傳 · 設計
www.ElephantWhite.com.tw　f 自費出版的領導者　購書 白象文化生活館